交通机械装备设计制造与检测技术研究

主　编　童巨苍　章广琼

副主编　张苗红

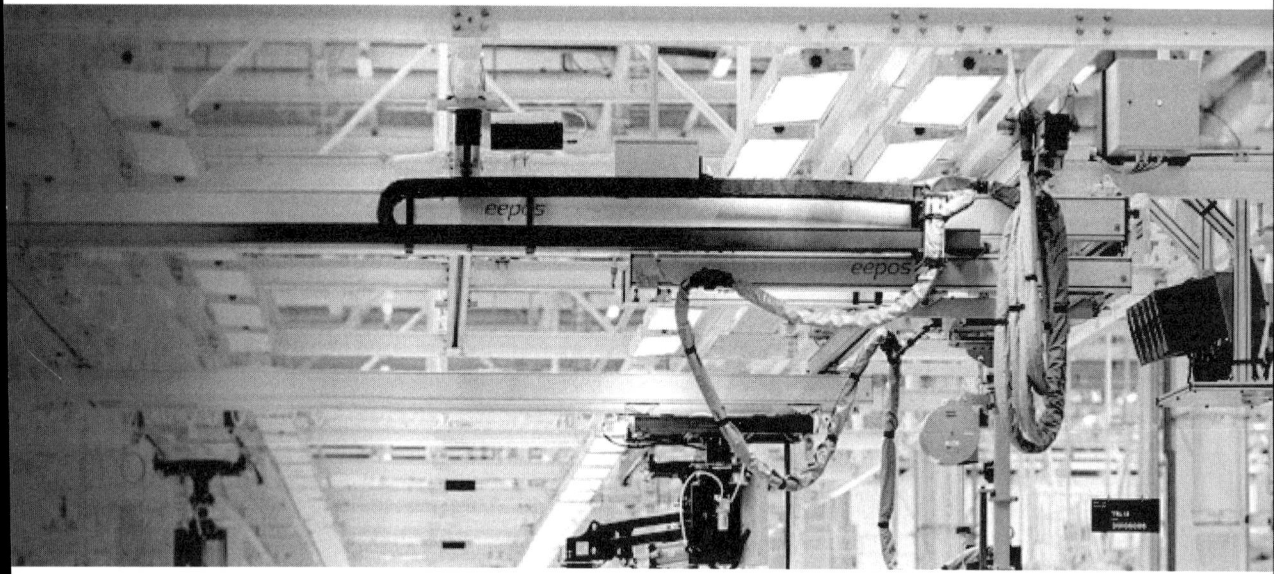

湘潭大学出版社
XIANGTAN UNIVERSITY PRESS

前　　言

交通运输作为国民经济的关键基础产业，在推动经济增长、促进社会发展以及服务民生福祉等方面发挥着不可替代的作用。在现代社会，以高速铁路、城市轨道交通为代表的先进交通运输方式蓬勃发展，因此，对相关机械装备的技术水平提出了更高的要求。先进适用的交通机械装备已然成为保障交通运输系统安全、高效、清洁运行的核心支撑。因此，大力推进交通机械装备制造与检测技术的创新发展，对于提升装备自主化水平、攻克关键核心技术、抢占行业技术发展的制高点，具有重要意义。

本书全面、系统地阐述了交通机械装备设计制造与检测技术的相关内容。全书涵盖交通机械装备设计制造的基本原理、关键技术及其应用，深入剖析了交通机械装备检测技术的发展现状与面临的挑战，同时，以工程中先进检测技术的实践案例为基础进行归纳总结。在编写过程中，编者紧密围绕学科前沿动态，高度关注工程实际需求，始终坚持理论与实践相结合的原则，致力于反映交通机械装备制造与检测技术领域的最新研究进展。为了便于读者更好地理解和掌握相关知识，本书在内容编排上兼顾了知识体系的系统性与科学性，力求深入浅出，并精心配备了丰富的案例分析，从而实现理论指导实践、学以致用的目标。

本书可作为高等院校相关专业师生的教学参考资料，为教学活动提供丰富的案例和理论支持；也可供从事交通机械装备设计制造、质量检测等工作的工程技术人员阅读参考，助力其在实际工作中解决技术难题、提升工作效率。由于编者水平有限，书中难免存在不当或错误之处，恳请广大读者批评指正。在此，衷心感谢参与本书编写与审校的各位专家学者和实践工作者，正是他们的无私奉献和辛勤努力，本书才能顺利完成并与广大读者见面。希望本书能够为交通机械装备领域的技术发展和人才培养贡献一份力量，共同推动我国交通机械装备制造业迈向更高的台阶。

编　者

2024 年 11 月

目　录

第一章　交通机械装备设计制造

第一节 交通机械装备的发展现状与趋势

一、全球交通机械装备产业发展概况

交通机械装备产业是国民经济的重要组成部分，在全球范围内得到了蓬勃发展。随着世界经济一体化进程的加快，全球交通机械装备产业呈现快速增长的势头。据统计，2023 年全球交通机械装备产业总产值达到了 3.5 万亿美元，预计到 2030 年将突破 5 万亿美元大关。

从区域分布来看，交通机械装备产业主要集中在欧洲、北美和亚太地区。其中，欧洲是全球交通机械装备的传统制造基地，拥有先进的技术和完善的产业链，代表性企业包括西门子、阿尔斯通等。北美地区以美国为主导，在航空航天、轨道交通等领域处于世界领先地位，波音、通用电气等企业在全球市场占有较大份额。近年来，亚太地区交通机械装备产业发展势头强劲，中国、日本、韩国等国家制造业规模不断扩大，产品质量和技术水平显著提升，在全球市场竞争中的地位日益凸显。

从细分领域来看，航空航天装备、轨道交通装备、港口机械装备是交通机械装备产业的三大支柱。航空航天装备是各国竞相发展的高端制造业，市场需求旺盛，技术壁垒高，代表性产品包括民用飞机、卫星、航天器等。波音公司和空客公司是全球民用飞机制造的双寡头，市场份额超过 90%。轨道交通装备是城市化进程加快背景下的朝阳产业，全球轨道交通建设投资额不断增长，带动了轨道交通装备制造业的快速发展。中国中车、西门子、阿尔斯通等企业是轨道交通装备领域的领军企业。港口机械装备是服务于港口货物装卸、运输、仓储等作业的专用设备，包括集装箱起重机、龙门吊、输送机等。上海振华重工、三一重工等企业在港口机械领域具有较强的国际竞争力。

技术创新是推动交通机械装备产业发展的关键驱动力。近年来，新材料、智能制造、信息技术等领域的突破性进展，为交通机械装备的升级换代提供了新的路径和可能。以航空航天装备为例，复合材料、3D 打印等先进制造技术的应用，使飞机结构更加轻量化、高强度，航空发动机性能不断提升，推动了航空运输业的发展。在轨道交通装备领域，智能传感、大数据分析、自动控制等技术的深度融合，使列车运行更加安全、高效、节能，为旅客出行提供了更加优质的服务。港口机械装备领域，自动化、无人化技术应用日益广泛，集装箱码头实现了全自动化作业，装卸效率大幅提高，节约了人力成本。

可以预见,随着新一轮科技革命和产业变革的深入推进,交通机械装备产业将迎来新的发展机遇。一方面,全球经济复苏和国际贸易往来频繁,将释放交通机械装备的巨大市场需求。另一方面,低碳经济、智慧交通等理念深入人心,对交通机械装备的节能环保、智能高效提出了更高要求,绿色、智能已成为交通机械装备发展的必由之路。站在新的历史起点上,交通机械装备产业需要加快创新步伐,加强国际交流合作,推动产业链、供应链优化升级,不断满足人民群众对交通服务的需要,为全球经济发展注入新的活力。

二、中国交通机械装备产业现状分析

中国交通机械装备产业经过多年的发展,已经形成了门类齐全、规模庞大的产业体系,在全球交通机械装备市场占据了重要地位。2023 年,中国交通机械装备产业总产值达到 1.8 万亿元人民币,占全球市场份额的 25%,位居世界第二。中国已成为世界上最重要的交通机械装备制造和出口国之一。

中国交通机械装备产业呈现出以下特点:

1. 产业规模不断扩大。得益于国家产业政策支持和下游行业需求旺盛,中国交通机械装备产业保持了快速增长的势头。“十四五”期间,中国交通机械装备产业年均增速达到 8%以上,高于全球平均水平。中国已建成了门类齐全、配套完善的交通机械装备产业体系,涵盖了航空航天装备、轨道交通装备、港口机械装备、工程机械装备等众多领域,产品种类丰富,可满足不同市场需求。

2. 自主创新能力显著提升。中国交通机械装备企业高度重视自主创新,研发投入不断加大。2023 年,中国交通机械装备企业研发经费支出占主营业务收入的比重达到 3.5%,较“十三五”末提高了 1 个百分点。一大批自主知识产权的关键核心技术取得突破,打破了国外技术垄断。以 C919 大型客机为代表的民用航空装备实现了国产化替代,标志着中国航空工业达到了世界先进水平。时速 350 km 的“复兴号”高速列车已成为中国轨道交通装备的金字招牌,中国高铁建设和装备制造能力位居世界前列。

3. 企业实力明显增强。经过多年的市场竞争和并购重组,中国交通机械装备企业实力明显增强。中国中车、中国商飞、中国船舶等一批行业龙头企业不断做大做强,在细分领域具有较强的国际竞争力。2023 年,中国交通机械装备企业 50 强中入围世界 500 强的有 8 家,数量较“十三五”末翻了一番。企业生产效率、产品质量、服务水平不断提高,品牌影响力和美誉度显著提升。

4. 国际市场拓展成效显著。中国交通机械装备企业积极开拓国际市场,参与“一带一路”建设,产品和服务走出国门,参与全球产业分工。2023 年,中国交通机械装备出口额达到 3 000 亿美元,较“十三五”末增长了 50%。中国高铁装备、工程机械装备已成功进入欧美发达国家市场,中国船舶、海工装备在全球市场占有率稳步提升,中国交通机械装备国际竞争优势日益凸显。

5. 智能制造水平不断提高。中国交通机械装备企业积极推进数字化、网络化、智能化转型，加快建设智能工厂，提升智能制造水平。越来越多的企业应用大数据、物联网、人工智能等新一代信息技术改造提升传统制造流程，实现设计、生产、管理、服务的智能化和协同化。航空航天、轨道交通、港口机械等领域涌现出一大批数字化车间和智能生产线，有效提高了生产效率和产品质量，推动了中国交通机械装备产业向高质量发展。

尽管中国交通机械装备产业取得了长足进步，但仍面临诸多挑战。关键核心技术受制于人的局面尚未从根本上改变，产业创新链与产业链协同不够，高端产品供给能力有待提升。同时，国际贸易摩擦加剧，国外技术封锁日益严重，给中国交通机械装备产业"走出去"带来了新的挑战。下一步，中国交通机械装备产业要立足国内超大规模市场优势，加快补齐短板，破解"卡脖子"难题，加强创新链和产业链融合，加快建设制造强国，不断满足人民群众对美好出行的需要，推动中国式现代化交通运输体系建设，为全面建成社会主义现代化强国贡献力量。

三、交通机械装备未来技术发展趋势

展望未来，交通机械装备技术发展呈现出智能化、绿色化、高速化、模块化等趋势，必将引领交通运输业加快转型升级步伐，推动交通强国建设。

（一）智能化

人工智能、大数据、云计算、物联网等新一代信息技术与交通机械装备制造深度融合，是未来交通机械装备技术发展的必由之路。在设计环节，应用人工智能辅助设计工具，可实现设计方案的快速迭代优化，大幅缩短产品开发周期。在生产制造环节，数字孪生、虚拟现实等技术的应用，可构建产品全生命周期数字化管理平台，实现生产过程的实时监测和预测性维护，提高生产效率和产品质量。在运维服务环节，远程监控、故障诊断、预测性维护等技术的应用，可实现交通机械装备的全生命周期健康管理，有效延长使用寿命，降低使用成本。未来，自主智能将成为交通机械装备的显著特征，高度智能化的列车、飞机、船舶将陆续问世，极大地提升出行体验和运输效率。

（二）绿色化

交通运输业是能源消耗大户，交通机械装备的绿色化发展是建设美丽中国的必然要求。未来交通机械装备技术发展要坚持绿色低碳导向，加快推进清洁能源应用，大幅提升能源利用效率。在新能源技术方面，氢燃料电池、纯电动等动力系统将在交通机械装备领域得到广泛应用，大幅降低化石能源消耗。在轻量化技术方面，复合材料、新型合金等先进材料的应用，可显著降低交通机械装备自重，减少能源消耗。在节能技术方面，全生命周期节能设计、余热回收等节能技术的集成应用，可有效提高能源利用效率。同时，要加强绿色制造工艺应用，推行清洁生产，从源头减少污染物排放。未来，绿色环保将成为交通机械装备的鲜明标识，为建设资源节约型、环境友好型社会提供有力支撑。

（三）高速化

高速化是交通机械装备技术进步的重要方向，是提高交通运输效率的关键所在。未来，高速列车、高速飞行器、高速船舶将成为交通机械装备发展的重点领域。在高速列车方面，磁悬浮、管道高铁等新型轨道交通系统研发将不断取得新突破，时速有望达到 1 000 km 以上。在高速飞行器方面，超声速客机、亚轨道飞行器等新概念飞行器的研制将取得重大进展，极大地缩短远距离出行时间。在高速船舶方面，大型豪华邮轮、高速客滚船等新型船舶将成为研发热点，进一步拓展水上交通运输范围。高速化发展不仅对交通机械装备的动力系统、传动系统、制动系统等提出了更高要求，也对相关基础设施建设提出新的挑战，需要统筹谋划、协同推进。

（四）模块化

模块化设计是提高交通机械装备制造效率、降低使用成本的重要手段。未来交通机械装备技术发展将加快推进平台化、通用化、标准化，采用模块化设计理念，实现产品快速定制。在平台化方面，要积极推行产品平台化发展战略，实现不同产品之间的技术和零部件共享，缩短产品开发周期，提高生产效率。在通用化方面，要加强通用部件、通用模块、通用接口等的开发应用，实现交通机械装备不同系统和部件的互换互通，提高维修便利性。在标准化方面，要加快构建交通机械装备领域的标准规范体系，推进关键技术、关键部件、关键工艺、检测评价等领域的标准化工作，促进产业链上下游协同发展。模块化发展有利于实现交通机械装备的柔性化制造和个性化定制，更好地满足多样化市场需求。

未来，交通机械装备技术变革将深刻影响人类出行方式和交通运输格局。新技术、新模式、新业态不断涌现，交通机械装备产业生态将发生深刻变革。跨界融合将成为产业发展新趋势，交通机械装备与新能源、新材料、电子信息等产业加快融合发展，不断催生新的增长点。创新驱动将成为产业发展新引擎，自主创新能力将成为交通机械装备企业核心竞争力的关键要素。绿色发展将成为产业发展新常态，交通机械装备全产业链、全生命周期的绿色发展将成为大势所趋。智能制造将成为产业发展新动能，工业互联网、人工智能等新技术将全面赋能交通机械装备制造，推动产业数字化、网络化、智能化转型。站在新的历史起点，交通机械装备产业要立足国内、放眼全球，加快关键核心技术攻关，掌握产业发展主动权，不断开拓发展新空间，为交通强国、制造强国建设提供坚实装备支撑。

第二节 交通机械装备设计制造的基本原理

一、系统工程原理在交通机械装备设计中的应用

交通机械装备是一类复杂的大型系统工程，涉及机械、电气、控制、材料、信息等多个学科领域，涵盖设计、制造、运维等多个环节。系统工程原理是指导复杂系统设计和管理的科学方法，在交通机械装备设计中得到了广泛应用。

（一）系统论思想指导交通机械装备总体设计

交通机械装备是由众多子系统和部件组成的有机整体，各组成部分之间相互联系、相互制约。系统论强调整体性和相关性，主张从全局出发，统筹考虑各子系统之间的关联关系，协

调设计目标与约束条件，优化系统整体性能。在交通机械装备总体设计阶段，设计人员要树立系统观念，从需求分析入手，厘清功能结构，合理划分子系统和模块，协调接口关系，制定技术指标，优化设计参数，最终形成系统总体方案。系统论思想有助于设计人员跳出局部视角，从整体上把握复杂系统的内在规律，实现各子系统的协同集成和优化组合，提升系统性能。

（二）层次化设计方法应用于交通机械装备系统分解

交通机械装备系统结构复杂，功能繁多，为了降低设计难度，需要采用层次化设计方法，将复杂系统逐级分解为若干个简单的子系统和模块。通常按照总体层、系统层、子系统层、部件层等进行分解，每个层级完成特定的设计任务，上层设计为下层设计提供输入和约束，下层设计结果反馈上层设计进行校核。层次化设计方法可以将复杂系统的设计任务分解到不同专业团队，实现专业分工和协同设计，降低设计复杂度。同时，采用模块化设计思路，将常用功能模块进行标准化设计，提高通用性和互换性，缩短开发周期，降低制造成本。层次化设计方法使得交通机械装备的设计过程更加系统化、规范化、高效化。

（三）可靠性设计方法保障交通机械装备使用安全

交通机械装备直接关系人民群众生命财产安全，可靠性是衡量其性能的关键指标之一。可靠性设计是系统工程原理在交通机械装备设计中的重要应用，贯穿设计全过程。在概念设计阶段，要从用户需求出发，制定可靠性目标，选择成熟可靠的技术方案。在初步设计阶段，要识别系统的失效模式和影响，采取针对性措施提高系统可靠性，如冗余设计、故障安全设计等。在详细设计阶段，要分析零部件的失效率和可靠度，优化设计参数和结构布置，选择高可靠性的元器件。同时，要重视可靠性试验和分析，开展加速寿命试验、环境适应性试验等，评估系统可靠性水平。可靠性设计方法有助于有效降低交通机械装备的失效风险，确保其在复杂环境下安全、稳定运行。

（四）人因工程设计理念提升交通机械装备的人机交互性能

人因工程是系统工程原理的重要组成部分，关注人-机-环境系统中人的生理、心理和行为特征，优化人机交互界面和操作环境，提高系统的舒适性、安全性和有效性。在交通机械装备设计中，人因工程设计理念得到了越来越多的重视。一方面，要合理设计人机交互界面，如驾驶室布局、座椅设计、显示器布置等，最大限度减轻操作者的生理和心理负担，预防人为失误。另一方面，要优化乘客舱的声光热环境，提供良好的乘坐体验，如合理控制噪声水平、优化照明系统、改善空气品质等。设计过程中，可运用虚拟样机、人机工效学仿真等技术手段，模拟人机交互过程，验证设计方案的合理性。人因工程设计理念的应用，有助于塑造以人为本的交通机械装备，提升其舒适度和人性化水平。

（五）全生命周期设计思想优化交通机械装备经济性

交通机械装备投资规模大、使用周期长，设计阶段的决策将影响其全寿命周期的费用和效益。全生命周期设计思想秉承系统工程原理，从交通机械装备的规划、设计、制造、运营、维修、改造、报废等全生命周期角度出发，统筹考虑各阶段的成本构成和节约潜力，制定经济合理的设计方案。设计过程中，要重视降低装备的采购成本和使用成本，如采用通用化、系列化设计,提高零部件的互换性和通用性,减少备品备件库存;优化装备的能源利用效率,降低能源消耗成本;加强健康监测和故障预测功能,及时开展预防性维修,减少非计划停运时间和检修成本。同时,还要考虑交通机械装备退役后的处置问题,如易拆解设计、材料回收利用等,有效降低报废处理成本。全生命周期设计思想能够引导设计人员立足长远,在系统的全寿命周期内实现费用和效益的平衡,提高交通机械装备的经济性和竞争力。

系统工程原理是现代工程设计的基本原理和方法论,在交通机械装备设计中得到了广泛应用。系统论思想、层次化设计方法、可靠性设计方法、人因工程设计理念、全生命周期设计思想等,为交通机械装备的总体设计、系统分解、可靠性提升、人机交互优化、经济性改善提供了行之有效的指导,有力促进了交通机械装备设计水平的不断提高。未来,随着交通机械装备系统日益复杂,设计任务日益繁重,系统工程原理必将得到更加广泛深入的应用。设计人员要不断更新设计理念,拓展设计视野,综合运用系统工程原理和方法,协同推进交通机械装备的智能化、绿色化、高速化发展,助力交通强国建设。

二、可靠性设计原理及其在交通机械装备中的体现

可靠性是衡量交通机械装备性能的关键指标之一,直接关系到装备的安全性、有效性和经济性。可靠性设计是指导交通机械装备研制的基本原理和方法,旨在保证装备在规定时间内和规定条件下完成预定功能的能力。

1. 可靠性设计的基本原理

可靠性设计的核心是失效分析和预防,强调从设计源头提高装备可靠性,减少使用过程中的失效风险。可靠性设计贯穿于交通机械装备设计的全过程,主要遵循以下基本原理:

(1)合理分配可靠性指标。根据交通机械装备的功能需求和使用工况,合理确定系统和零部件的可靠性要求,制定可靠性指标,明确设计目标。可靠性指标分配要遵循系统可靠性优先、重要部件优先、故障影响大的优先等原则,采用类比法、均分法、加权法等方法进行定量分配。

(2)识别潜在失效模式。采用故障模式和影响分析、故障树分析等方法,系统识别交通机械装备及其零部件的潜在失效模式,分析失效机理、失效影响和失效后果,确定关键失效模式和薄弱环节,为后续设计提供依据。

(3)优化设计参数和结构。在概念设计和方案设计阶段,优选高可靠性的技术途径,优化设计参数和结构布置,提高系统冗余度和故障容错能力。在零部件设计阶段,优选可靠性高的材料、工艺和元器件,减少故障点,控制故障率。

(4)开展可靠性试验和分析。在设计阶段,采用可靠性预计和分配技术,预测系统可靠性水平;在试制阶段,开展可靠性鉴定试验,考核装备的可靠性指标;在使用阶段,开展可靠性跟踪试验,评估装备的可靠性状态。通过试验数据分析和反馈,持续改进设计,提高装备可靠性。

(5)制定可靠性保证措施。建立完善的可靠性管理体系,制定可靠性保证计划,落实可靠

性设计评审、可靠性验证、可靠性监造等措施，加强供应商可靠性管理，从全生命周期角度保证交通机械装备的可靠运行。

2. 可靠性设计在交通机械装备中的体现

交通机械装备种类多样，可靠性设计在不同领域、不同装备中有不同的侧重点和实现形式，主要体现在如下方面。

(1)民用飞机领域。民用飞机对安全性和可靠性要求极高，可靠性设计贯穿于飞机设计的全过程。在总体设计阶段，重点关注飞机的适航性，优化飞机构型和系统布置，提高结构可靠性和抗撞击能力。在系统设计阶段，广泛采用冗余设计技术，如发动机、飞控、液压、电气等关键系统均采用多重冗余，确保单个部件失效不会导致系统失效。在零部件设计阶段，优选高可靠性、高强度、耐疲劳的航空材料，优化细部结构设计，提高关键零部件使用寿命。同时，重视试验验证，开展疲劳试验、环境试验、电磁兼容性试验等，全面评估飞机的可靠性水平。

(2)轨道车辆领域。轨道车辆对速度、载重量、平稳性等性能要求较高，可靠性设计重点关注列车的动力系统、制动系统、控制系统等。在动力系统设计中，采用冗余设计，配置多台牵引电机，互为备份，提高牵引系统可靠性。在制动系统设计中，设置常用制动和应急制动，采用电控气压制动等多种制动方式，确保列车安全停车。在控制系统设计中，采用故障安全设计理念，设置多级容错和自恢复功能，提高控制系统可靠性。此外，还要重视轮轨关系匹配设计，合理设置悬挂参数，保证车辆的动力学性能和运行安全性。

(3)船舶与海洋工程装备领域。船舶与海洋工程装备服役环境恶劣，可靠性设计重点关注结构耐久性、动力系统可靠性、舱室环境适应性等。在结构设计中，采用高强度、高韧性的船用钢材，优化板材和型材的厚度和尺寸，提高船体和海洋平台的强度和稳性。在动力系统设计中，采用双机或多机冗余布置，配置独立的燃油供应系统和冷却系统，提高动力系统可靠性。在舱室设计中，合理布置设备和管路，减轻振动和噪声影响，提高船员居住环境舒适性。同时，重视海试验证，开展波浪冲击试验、倾斜试验、可靠性航行试验等，测试装备的耐波性和可靠性。

(4)工程机械领域。工程机械在复杂地形环境下作业，可靠性设计重点关注传动系统、液压系统、工作装置等。在传动系统设计中，优选重载工况齿轮，合理配置传动比，提高传动效率和可靠性。在液压系统设计中，优化泵、阀、执行元件的匹配关系，提高系统响应速度和控制精度，配置高压保护和过滤装置，延长元件寿命。在工作装置设计中，采用模块化设计理念，提高部件通用性和互换性，便于维修和更换。同时，还要开展环境适应性试验，模拟高温、潮湿、多尘等恶劣环境下的作业工况，评估装备的可靠性水平。

可靠性设计是提高交通机械装备性能和竞争力的关键手段，需要设计人员树立可靠性意识，将可靠性设计理念和方法落实到设计全过程和不同环节。未来，随着交通机械装备智能化水平不断提升，软件和信息系统在装备中的应用日益广泛，软件可靠性设计、信息安全性设计等将成为可靠性设计的新课题。设计人员要与时俱进，紧跟前沿技术发展，综合运用多学科知识，不断提升交通机械装备的本质安全性和长期可靠性，为人民群众安全便捷出行提供可靠保障。

三、模块化设计理念在交通机械装备设计中的运用

模块化设计是现代工业设计的重要理念和方法，强调将复杂系统划分为若干个相对独立、功能完备的模块，通过模块的组合和配置实现系统功能。将模块化设计理念应用于交通机械装备设计，有助于提高装备的通用性、互换性和可维修性，缩短开发周期，降低制造成本，已成为交通机械装备设计的重要趋势。

（一）模块化设计的内涵和特点

模块化设计的核心是“分而治之”，将复杂系统分解为多个模块，每个模块完成特定功能，模块之间通过标准化接口实现连接和交互。模块既可以是硬件模块，如结构件、总成件等，也可以是软件模块，如控制程序、算法模型等。模块化设计具有以下特点：

1. 独立性。每个模块相对独立，具有明确的功能边界，可独立设计、制造和测试，减少了模块之间的耦合度，降低了设计复杂性。

2. 通用性。不同系统可共享相同的模块，提高了模块的使用频次和通用性，有利于实现规模化生产和降低成本。

3. 互换性。模块之间采用标准化接口，具有极强的互换性，不同模块可灵活组合，实现系统的快速重构和更新换代。

4. 可维修性。模块化设计便于实现故障模块的快速诊断和更换，提高了系统维修效率，缩短了维修时间。

（二）模块化设计在交通机械装备中的应用现状

交通机械装备涵盖航空、轨道、船舶、车辆等多个领域，各领域装备的功能、结构、工况差异较大，模块化设计的应用形式和水平也不尽相同。

在民用飞机领域，波音、空客等主机厂商普遍采用模块化设计理念，将飞机分解为机身、机翼、起落架、发动机、航电系统等模块，每个模块又细分为多个子模块。模块化设计使不同机型可共享相同的模块，如波音 737、757、767 等机型共享相同的驾驶舱模块，大大降低了设计和制造成本。空客 A320 系列飞机采用近 90% 的通用模块，不同座级的机型可灵活组合模块，满足不同航线需求。模块化设计也有利于飞机的定制化和快速迭代，如波音 737 MAX 系列在原有机型基础上更换发动机模块，大幅提升了燃油效率和航程。

在轨道车辆领域，标准动车组采用模块化设计思路，将动车组分解为车头、车厢、转向架、牵引系统、制动系统、网络系统等模块，不同速度等级、编组形式的动车组可共享基础模块，实现了动车组平台化发展。例如，中国标准动车组采用时速 160~350 km/h 速度平台，包含 5 种车型 60 多个模块，可组合成不同速度等级的动车组，满足不同线路的需求。模块化设计还广泛应用于城市轨道车辆，采用铝合金车体、永磁同步牵引电机、空气弹簧等标准模块，实现了地铁车辆的快速制造和批量化生产。

在船舶与海洋工程装备领域，模块化设计主要应用于船舶总装和海洋平台建造。船舶总

装采用模块化搭载方式，将船体划分为若干个区段，在分段制造的基础上，将区段组装成船艏、船艉、机舱等大型模块，最后在船坞进行总装，可显著缩短建造工期。例如，马士基集团采用模块化设计建造全球最大的 18000 TEU 集装箱船，将船体划分为 180 个模块，在全球 7 个制造基地同步建造，仅用 8 个月即完成总装，创造了同类船舶的建造纪录。在海洋平台领域，采用模块化设计可实现平台的陆上预制和海上安装，显著提高了建造效率。例如，挪威海上油气生产平台采用模块化设计，在陆地工厂预制生活区、公用设施、钻井模块等，运输至海上吊装组合，仅用 2 周就完成了平台搭建，显著缩短了海上作业时间。

（三）模块化设计在交通机械装备设计中的应用策略

模块化设计要从系统层面统筹规划，从局部层面合理布局，针对不同类型的交通机械装备，采取不同的应用策略。

对于复杂系统，如飞机、高铁等，采用分层模块化设计方法，在系统级、子系统级、部件级实现模块化分解，建立模块化产品族。系统级模块主要实现产品平台化，如飞机可分解为机身、机翼等大部件平台；子系统级模块主要实现功能模块化，如牵引系统可划分为牵引变流器、牵引电机等功能模块；部件级模块主要实现标准化、通用化，实现关键零部件的多机型共享。

对于批量化生产的产品，如汽车、工程车辆等，采用参数化模块化设计方法，基于产品全生命周期需求，开发高度集成的功能模块。采用模块化、参数化的产品数据模型，实现模块选型和参数优化，快速生成个性化产品。例如，某重卡企业采用参数化模块化平台，对车型的动力系统、传动系统、行驶系统、电气系统等模块实现参数化配置，通过 552 项参数化选项，可生成 4 300 多种个性化车型。

对于定制化产品，如特种车辆、海洋钻井平台等，采用灵活模块化设计方法，针对客户需求在基础模块上进行二次开发。基础模块主要包括底盘模块、动力模块、液压模块等，实现标准化设计和批量化生产，保证了模块的稳定性和可靠性。在此基础上，针对客户的功能、布局等特殊需求，组织开展二次开发，实现短时定制化设计。

除产品模块化外，还要推行制造模块化、供应链模块化，建立高度协同的模块化组织体系。制造模块化是指根据模块划分，对制造资源、生产线进行合理布局，形成对应的制造单元。供应链模块化是指根据模块化需求，优化供应商体系，建立战略合作伙伴关系，实现供应链快速响应。模块化组织体系打破了传统的职能部门界限，围绕模块构建研发、采购、生产、服务等团队，实现高效率运作。

模块化设计是实现交通机械装备创新发展的重要途径，但模块化设计并非放之四海而皆准，对于不同产品、不同阶段，要因“模”制宜、因“块”制宜，综合权衡模块化的效益和成本。过度模块化可能导致系统复杂度上升、接口成本增加、性能下降等问题，需要在标准化和个性化之间寻找平衡点。未来，数字化、智能化技术与模块化设计的深度融合，将进一步赋能交通机械装备的柔性化、快速化发展，极大地缩短产品开发周期，提升产品的响应速度。模块化设计作为交通机械装备设计变革的助推器，必将推动行业实现高质量发展。

第三节 交通机械装备设计制造的流程与方法

一、交通机械装备设计制造的一般流程

交通机械装备设计制造是一项复杂的系统工程,涉及多学科知识融合、多专业团队协同、多环节流程衔接。科学规范的设计流程是保证装备性能、质量、成本、进度目标的关键。交通机械装备设计制造通常遵循需求分析、概念设计、方案设计、初步设计、详细设计等基本环节,并贯穿仿真分析、优化校核、评审验证等活动,形成了具有行业特色的设计流程模型。

(一)需求分析

需求分析是交通机械装备设计制造的首要环节,主要任务是深入调研用户需求,翻译成设计目标和设计指标。设计人员通过市场调研、用户访谈、运营数据分析等方式,全面了解用户对装备的功能、性能、成本、外观、体验等方面的期望,挖掘用户痛点和需求趋势。在此基础上,设计人员要系统分析和归类用户需求,从战略层面提炼装备的总体定位和发展方向,从执行层面细化装备的性能参数、评价指标、约束条件等。需求分析贯穿装备全生命周期,在服役期还需持续收集用户反馈,动态优化需求,为装备升级换代提供依据。

(二)概念设计

概念设计是在需求分析的基础上,提出装备的总体概念和技术路线,是设计流程中最富创造力的环节。设计人员综合分析装备的任务背景、使用工况、技术基础,广泛搜集相关领域的先进技术、经典案例、专利信息,激发创新灵感,形成多套备选的概念方案。概念方案涵盖装备的总体布局、功能分解、形象造型、人机交互、技术参数等内容,以草图、效果图、三维模型等形式表达。在方案凝练过程中,设计人员与用户、专家、生产等相关方进行反复沟通,从技术可行性、经济合理性、用户接受度等维度论证方案优劣,通过技术经济评估、风险评估等,选定最优概念方案,为后续设计确定方向。

(三)方案设计

方案设计是在概念设计的基础上,针对最优概念方案开展的深化设计,主要任务是确定装备的系统方案、总体布置、技术参数。设计人员采用 QFD(质量功能配置)、TRIZ(发明问题解决理论)等方法,将用户需求转化为装备的功能结构和技术特征,搭建装备的系统架构和信息架构。同时,借助三维设计软件、PDM(产品数据管理)系统等工具,构建装备的数字化模型,进行布局设计、空间干涉检查、人机工效分析等,优化装备的布置方案。在系统级方案设计的基础上,进一步开展专业方案设计,包括结构方案、机械传动方案、液压系统方案、电气控制方案等,和失效模式与影响分析、故障树分析等方法,从可靠性、安全性、维修性等方面论证方案可行性。

(四)初步设计

初步设计是在方案设计的基础上,进一步细化和优化设计方案,形成装备的技术方案文

件，主要输出设计计算书、技术规格书、系统图、布置图、外购件选型手册等。设计人员采用参数化设计、仿真分析等手段，在计算机辅助设计（CAD）/计算机辅助工程分析（CAE）/计算机辅助制造（CAM）一体化平台上构建装备的三维参数化模型，开展结构、强度、疲劳、振动、可靠性等多学科分析，优化设计参数和结构布局。同时，综合考虑工艺性、可制造性、易装配性、可维护性等因素，优化装备的制造工艺方案和装配工序。在此基础上，编制装备的技术状态表、规格型谱、技术条件等标准化文件，规范设计质量和输出成果。初步设计方案需通过多轮计算校核、方案评审、设计评审等，论证技术路线的合理性和设计文件的完整性、规范性、一致性。

（五）详细设计

详细设计是初步设计的深化和细化，主要输出零部件图样、装配图、电气原理图、软件代码等，形成装备制造的指导文件。设计人员采用三维建模软件、计算机辅助工艺规划（CAPP）等工具，构建零部件的实体模型和数字化工艺文件，生成材料表、工艺卡、数控程序等。对于核心零部件和关键部件，如减速器、制动器、轮对等，还需进行精细的结构设计和强度校核，提供焊接工艺、热处理工艺、表面处理工艺等。详细设计要重点关注产品的一致性和易制造性，采用面向制造/装配的设计（DFM/DFA）方法，从材料选择、公差配合、几何结构等方面优化零件设计，从装配顺序、定位基准、力学平衡等方面优化装配设计，从工装夹具、制造资源、柔性生产等方面优化工艺设计，以此达到降低生产成本、缩短制造周期的目的。详细设计方案需通过多轮设计审查、工艺评审，对图样进行标准化审查，提高设计文件的成熟度和标准化水平。

（六）仿真分析贯穿设计全流程

仿真分析是现代交通机械装备设计的重要手段，通过构建装备的数学物理模型，模拟其在实际工况下的受力、运动、热流等行为，分析装备性能，优化设计参数。有限元分析、多体动力学仿真、计算流体力学仿真、电磁场仿真等，广泛应用于装备的结构强度、动力学特性、流场特性、制动性能、噪声振动、电磁兼容等方面的分析。仿真分析贯穿装备设计的全流程，在概念设计阶段，通过运动学、动力学仿真论证总体方案的可行性；在方案设计阶段，通过多学科分析优化系统参数和布局；在初步设计阶段，通过精细化仿真分析验证装备的可靠性、安全性、稳定性等；在详细设计阶段，通过工艺仿真、装配仿真指导生产制造。

（七）评审验证穿插设计各环节

设计评审和验证是设计流程中的质量控制活动，通过层层把关和测试分析，及时发现设计缺陷，持续改进设计质量。设计评审包括方案设计评审、初步设计评审、详细设计评审，对设计输入、设计过程、设计输出进行系统审查，重点关注需求的满足度、设计的合理性、接口的匹配性、文件的规范性等。在详细设计后，通过样机试制和台架试验，搭建装备的实物原型或功能样机，开展结构强度试验、疲劳耐久试验、噪声试验、电磁兼容性试验等，验证装备性能的达成度。同时，通过可制造性分析、装配工艺性分析等，优化装备的生产工艺方案。试验验证结果反馈迭代设计过程，形成闭环。

交通机械装备设计制造流程并非简单的线性序贯模式,而是一个系统化、并行化、迭代化的复杂过程。随着数字化、智能化设计技术的发展,以数字化协同设计平台为支撑,集成需求管理、三维设计、仿真分析、虚拟样机、工艺规划等功能,实现设计流程的并行优化,正在成为行业的发展趋势。未来,交通机械装备设计流程还将与智能制造、精益生产、全生命周期管理等深度融合,通过设计流程再造,构建敏捷高效的研制模式,不断提升装备的性能水平和研制质量。

二、基于技术创新的交通机械装备设计方法

交通机械装备是技术密集型产品,其设计制造过程离不开技术创新的引领和支撑。技术创新不仅是解决技术难题、突破性能瓶颈的利器,更是引领产品升级换代、推动行业变革发展的动力源泉。当前,新材料、新能源、人工智能等新技术与交通机械装备加速融合,催生了一系列基于技术创新的设计新理念、新方法,为提升装备性能、质量、效率拓展了新的途径。

(一)轻量化设计方法

轻量化设计是通过优化结构布局、采用轻质材料、集成功能模块等手段,在保证装备强度、刚度、疲劳等性能的前提下,最大限度地减轻装备的自重,提高装备的比强度、比刚度、比功率等比性能,是交通机械装备设计的永恒主题。随着新材料技术的突破,轻量化设计进入了一个崭新的阶段。在材料方面,铝合金、镁合金、钛合金、复合材料等轻质高强材料的广泛应用,使装备的比强度和比刚度大幅提升。例如,采用碳纤维复合材料制造的新一代客车车体,其重量可较传统钢制车体减轻30%以上,显著提高了载客量和燃油经济性。在结构方面,拓扑优化、格构优化等设计方法能够在满足强度约束的前提下,优化材料的分布,减少冗余重量。拓扑优化设计已在飞机翼梁、转向架构架等关键承力部件中得到成功应用,实现了结构的“以柔克刚”。同时,轻量化设计还体现在功能模块的集成化设计上,通过集成传动、制动、悬挂等功能于一体,简化传动路径,减少零部件数量,在降低装备自重的同时,提高了装备的可靠性和可维护性。

(二)电动化设计方法

电动化设计是顺应节能环保和低碳发展大势,以电驱动系统取代传统内燃机驱动系统,实现交通机械装备的清洁高效运行。电动化设计涉及电池、电机、电控等核心部件的选型匹配和系统集成,以及整车的动力性、经济性、安全性优化,对设计人员提出了全新挑战。在电池系统设计方面,要根据装备的动力性需求和续航里程需求,合理选择电池材料和电池布局方式,兼顾比能量、循环寿命、安全性、成本等性能。同时,电池包还需考虑防水、防尘、防震、散热、密封等环境适应性设计。在驱动电机设计方面,永磁同步电机以其高功率密度、高效率、小体积等优势,成为电动汽车、电力机车的主流选择。电机设计除了电磁设计、绕组设计外,还要重点关注电机的散热设计和可靠性设计。在电控系统设计方面,要基于整车控制策略,开发高效可靠的电机控制器、整车控制器,实现电机扭矩、车辆加速、制动能量回收等控制功能,优化系统效率。同时,面向电动装备设计还需统筹优化整车布局,将电池包、电机等部

件合理布置在底盘空间内，兼顾重量分布、动力学性能、碰撞安全等因素，开展整车集成匹配设计。

（三）智能化设计方法

智能化设计是以人工智能、大数据、物联网等新一代信息技术为支撑，赋予交通机械装备感知、决策、执行的智能化功能，实现装备的自动化、无人化运行，提高运输效率和安全性。智能化设计涵盖感知层、网络层、控制层、执行层的系统化设计，通过智能感知、智能分析、智能决策、智能控制，实现人机协同、车路协同、车车协同。在感知层设计方面，要基于装备的环境复杂度和任务需求，配置激光雷达、毫米波雷达、超声波雷达、视觉传感器等环境感知设备，获取车辆位置、障碍物信息、交通信号等数据。在网络层设计方面，采用车载以太网、CAN 总线等车载网络，TSN、5 G 等车外网络，实现车内外的高速可靠通信。在控制层设计方面，融合深度学习、强化学习等人工智能算法，开发自动驾驶控制、智能交通调度、联合编队控制等核心算法，实现车辆的自主感知、规划、决策。在执行层设计方面，通过线控底盘、自动变速器、主动悬架等智能执行机构，精准控制车辆的纵向、横向和垂向运动，提高车辆的操纵稳定性和乘车的舒适性。同时，智能座舱、智能物流、移动服务等也逐渐成为智能化设计的新方向，通过人机交互优化设计，提供个性化、人性化的出行和货运服务。

（四）数字化和仿真设计方法

数字化和仿真设计是以计算机辅助技术为手段，采用数字化样机、虚拟样机等工具，在产品设计的各个环节开展建模、仿真、优化等，提高设计效率和产品性能，已成为现代交通机械装备设计的主流范式。三维 CAD 建模、参数化设计、虚拟装配等数字化设计技术，使设计人员能够在计算机中构建产品的数字化模型，通过参数化驱动快速修改设计方案，缩短设计周期。基于模型的系统工程（MBSE）以模型为核心，集成需求、结构、行为等信息，创建系统的可视化、可仿真、可优化的数字孪生，实现设计过程的多学科协同优化。在系统级仿真方面，通过多物理场耦合、多学科耦合，在计算机中构建车辆的动力学模型，分析车辆的操纵稳定性、振动噪声、强度耐久、制动性能、动力性能等，优化悬架参数、轮胎特性、传动比等，大幅减少物理试验的时间和成本。在部件级仿真方面，采用结构力学、流体力学、电磁场等仿真技术，分析关键零部件的强度、刚度、稳定性、可靠性，优化零件的材料属性和结构形状，缩短试制周期。同时，基于增材制造、拓扑优化等新工艺，实现零件的快速成型和验证，加快设计—制造一体化进程。

（五）可靠性和安全性设计方法

可靠性和安全性是衡量交通机械装备性能的关键指标，直接关系装备的正常运行和乘客生命财产安全。随着交通机械装备智能化、高速化发展，可靠性和安全性设计面临新的机遇和挑战。在电子电气系统可靠性设计方面，采用故障诊断、容错控制、功能安全、网络安全等技术，提高电子电气系统的鲁棒性和韧性，确保系统在部分故障下依然能够安全运行。在软件可靠性设计方面，采用形式化验证、模型检测等方法，从需求分析、概要设计、详细设计、编码、测试等环节入手，系统消除软件缺陷，保证控制软件的高可靠运行。在安全性设计方面，采用防碰撞设计、主动安全技术、智能避障技术、灾害预警等手段，有效规避和降低事故风险。例如，轨道车辆采用吸能装置、防爬装置，在列车低速碰撞时大量吸收碰撞能量，降低车体和乘客伤害。高速列车采用异物侵限监测装置，及时发现线路异物并自动停车，有效预防列车脱轨、侧翻等事故。总之，在装备全生命周期开展可靠性设计和安全性设计，通过试验验证和运营监测持续改进，是确保装备长期安全运行的重要保证。

未来，交通机械装备设计将向轻量化、电动化、智能化、数字化、绿色化方向发展，不断满足人民群众美好出行对装备品质提升的新需求，助力交通强国建设。然而，任何创新设计方法的应用都需要技术积累和经验沉淀，需要科研人员和工程技术人员的协同攻关。只有坚持产学研深度融合，健全协同创新机制，加快科技成果转化应用，持续开展基础研究和应用基础研究，破解核心零部件“卡脖子”难题，推进新技术、新材料、新工艺在交通机械装备中的集成应用，才能不断提升装备的核心竞争力，引领行业高质量发展。

三、面向全生命周期的交通机械装备设计策略

交通机械装备是典型的大型复杂装备，其全生命周期跨度长，涉及规划、设计、制造、运营、维修、回收等多个阶段。传统的交通机械装备设计过程往往重视设计阶段的性能优化，而忽视了装备在制造、运营、维修等环节的效率和成本，导致装备在全生命周期内的价值难以最大化。面向全生命周期的交通机械装备设计策略应运而生，旨在统筹优化装备全生命周期各阶段的效益，实现装备价值最大化和资源利用最优化。

（一）设计阶段的全生命周期策略

在装备设计阶段，贯彻全生命周期理念，需要设计人员从装备的制造、运营、维修、回收等环节提出设计需求，开展设计目标的权衡和优化。

1. 可制造性设计。可制造性设计是在保证装备功能和性能的前提下，充分考虑装备制造工艺的合理性、可行性和经济性，优化产品结构和布局，减少加工难度，缩短制造周期，降低制造成本。设计人员需要全面了解装备的制造工艺水平和资源条件，采用标准化、通用化、模块化设计，合理选择原材料和热处理工艺，优化装配工序和定位基准，有效减少非标件和特殊工艺，提高制造效率和产品一致性。例如，某高速动车组转向架构架采用铸钢整体成型工艺，较传统的制造工艺减少了80%的焊接工序，显著提高了构架的制造效率和使用寿命。

2. 可运营性设计。可运营性设计是从装备的运营使用角度出发，在设计阶段充分考虑装备的节能环保、舒适便捷、安全可靠等性能，优化装备技术参数和布局方案，提高装备的运营效率和服务品质。设计人员需要深入了解用户需求和运营工况，在动力匹配、制动性能、轮轨关系、悬挂系统等方面进行系统优化，兼顾降低能耗、提高平稳性、保证安全性等目标。同时，采用模块化客室布置、灵活座椅布局、智能环境控制等设计手段，提高车辆的快速换乘能力、无障碍通行能力、个性化服务能力，为旅客创造舒适、便捷的出行体验。

3. 可维修性设计。可维修性设计是在设计阶段充分考虑装备的检修便利性、维修经济性、备件可获得性，合理进行部件布局和通道布置，制定最优检修策略，提高故障诊断和故障

隔离能力，有效降低装备检修成本和停用时间。设计人员需要系统分析装备的易损件、寿命件和备件，优化备件配置和仓储方案，提高关键部件的检修可达性和可拆换性。同时，装备中集成故障诊断、故障预测等功能，实现远程监测和预测性维修，减少故障发生概率。例如，某新型电力机车采用“整体吊装、模块化更换”的检修模式，通过优化部件布置和维修通道，将牵引电机等关键部件的更换时间缩短至 2 h 以内，大幅提升了检修效率。

4. 可回收性设计。可回收性设计是在设计阶段充分考虑装备报废后的拆卸、回收和再利用，合理选择可回收材料，优化产品结构布局，提高装备回收价值，有效减少资源浪费和环境污染。设计人员需要评估不同材料的可回收性和环保性，优先选用可回收铝合金、不锈钢、聚合物等绿色材料，减少有毒有害物质的使用。在结构布局上，采用易拆卸连接方式，模块化布置易损耗部件，便于快速拆解和检测，提高零部件和材料的回收利用率。例如，某新能源公交车在设计阶段即采用可回收塑料、水性涂料等环保型材料，动力电池包采用模块化设计，报废后电池回收利用率超过 90%，显著提升了整车的资源利用效率。

（二）制造阶段的全生命周期策略

装备制造阶段是装备全生命周期的重要环节，制造策略的优劣直接影响装备的质量、成本和交付周期。面向全生命周期的制造策略，强调制造与设计、采购、服务等业务的协同优化，强调制造过程与运营维修的信息集成和反馈优化。

数字化制造是贯彻全生命周期制造策略的重要手段。利用数字孪生、虚拟制造等技术，在制造阶段构建装备的数字化车间和生产线，实现设计模型、工艺路线、制造资源、产品数据的集成共享，实现制造过程的实时监控和质量追溯，快速响应设计更改和需求变更。同时，虚拟装配和虚拟调试技术的应用，可在投产前发现装配干涉、部件误差等问题，减少返工和质量损失。

精益制造是提升装备制造效率和质量的有效途径。以客户需求为牵引，采用准时化生产模式，推行看板管理和拉动式生产，减少库存积压和过程浪费。优化生产线布局，平衡生产节拍，应用自动化装备和柔性化生产单元，灵活调整产品组合和生产计划。建立从供应商到用户的精益价值链，打造责任制生产团队，持续挖掘质量改进潜力，建立快速反应的质量问题解决机制。

智能制造是引领装备制造模式变革的新趋势。以工业互联网为基础，构建面向全生命周期的智能工厂，实现制造资源的泛在连接、弹性供给和优化配置。利用大数据和机器学习技术，建立覆盖设计、生产、物流、销售的智能调度和决策系统，动态优化制造任务和排程计划，提高生产效率和快速交付能力。应用增材制造、机器人等先进制造工艺，促进制造工艺的数字化重构，实现小批量、多品种的敏捷制造。

（三）运营维修阶段的全生命周期策略

交通装备大多为高价值、长寿命产品，其运营维修成本往往数倍于购置成本。因此，优化装备全生命周期运营维修策略，对于降低装备使用成本、延长装备使用寿命、提高装备运营效率具有重要意义。

状态监测和故障诊断是优化装备运维策略的基础。利用物联网、大数据等新一代信息技术，在装备上部署智能传感器，实时采集装备的运行状态数据，包括温度、振动、油液、电流等关键参数。运用大数据分析和机器学习算法，从海量监测数据中提取有效特征，构建装备健康状态评估模型和故障预警模型，及时发现装备的性能退化趋势和潜在故障风险，实现从“事后维修”向“预测性维护”的转变。例如，某动车组在线监测系统通过对轴承温度、齿轮箱振动等关键参数的实时监测，预警轴承磨损等典型故障，将动车组的计划外检修率降低了30%以上。

远程运维和移动服务是提高装备运营效率的有效手段。利用车载诊断、无线通信、增强现实等技术，实现装备与远程运维中心的实时联通，专家团队可远程指导现场人员开展故障诊断和排除，减少现场派工的时间和成本。应用移动服务App，乘客可实时掌握车辆位置、拥挤度等信息，合理规划出行路线。装备管理人员利用移动巡检设备，对车辆各部件进行扫码识别，记录部件的检修状态和履历信息，提高检修质量的可追溯性。例如，某城市轨道车辆采用车载诊断和远程维护系统，实现车辆故障的远程诊断和处置，平均检修周期延长了20%。

全寿命周期管理是优化装备资产管理的新理念。以产品全生命周期数据为基础，整合设计、制造、运维、服务等环节的信息流，构建装备全生命周期信息管理平台，实现状态数据、履历数据、台账数据的集成共享，建立面向不同角色的统一视图。开展装备全寿命周期成本分析、健康状态分析、风险评估等，优化备件管理策略、检修周期策略、资产更新策略，在全局视角下实现装备运营效益最大化。例如，某高铁线路建立了覆盖车辆、机务、供电、工务等专业的全生命周期信息管理系统，通过对车辆运营和线路设备状态的多维度分析，优化线路运营图、检修计划等，综合运营效率提高了10%以上。

面向全生命周期的交通装备设计是一种系统化、智能化的设计范式，通过优化装备全生命周期的效益，实现了装备与经济、社会、环境的协调发展。然而，全生命周期设计也面临诸多挑战，如跨专业、跨部门的协同设计机制尚不完善，设计、制造、运维数据的采集和集成有待加强，全生命周期成本分析和优化的方法有待深化等。未来，要将重点放在加快构建开放协同的产业创新体系，加强装备全生命周期数据的互联互通，建立装备全寿命周期评价体系和标准规范上，为高质量设计提供制度基础和方法支撑。同时，要加快培养复合型产品设计人才，促进设计理念、设计流程、组织方式的变革创新，推动形成全生命周期设计的工程化实践和规模化应用，助推交通装备全生命周期价值管理迈上新台阶。

第二章 交通机械装备设计制造的关键技术

第一节 先进材料在交通机械装备中的选择与应用

一、高强度钢材在交通机械装备中的应用

高强度钢材是交通机械装备制造中不可或缺的关键材料之一。高强度钢材以其优异的比强度、比韧性、抗疲劳性能等特点，在汽车、轨道车辆、工程机械等交通装备的轻量化设计中得到广泛应用，有力支撑了交通装备的安全性、可靠性、经济性的提升。

(一)高强度钢材的类型与特点

高强度钢材通常指屈服强度大于460 MPa的钢材，主要包括高强度低合金钢(HSLA)、双相钢(DP)、复相钢(CP)、马氏体钢(MS)、奥氏体钢(TRIP)等。不同类型高强度钢材的化学成分、显微组织、力学性能各有特点，在交通装备中的应用领域也有所侧重。

1. 高强度低合金钢。高强度低合金钢通过合金化和热机械轧制工艺，在保证良好焊接性和冷弯性的同时，获得高强度与高韧性。高强度低合金钢广泛应用于重型卡车车架、工程机械臂架、矿用车自卸车厢等承载结构件，通过减薄截面可有效实现减重10%~25%。例如，采用700 MPa级高强度低合金钢制造的重卡车架，较传统Q345钢材轻20%以上，显著提高了载货量和燃油经济性。

2. 双相钢。双相钢由铁素体和马氏体双相组织构成，兼具高强度和良好成形性，在汽车防撞梁、B柱、车门防撞杆等高强度部件中应用广泛。与同强度级别高强度低合金钢相比，双相钢具有更高的屈强比和 n 值，更适合复杂变形件的冲压成形。780 MPa级双相钢已成为乘用车高强度防撞梁的主流材料，在保证乘员安全的同时，实现防撞梁减重15%~20%。

3. 复相钢。复相钢是在双相钢基础上，进一步细化晶粒和析出强化，获得超高强度(980 MPa以上)与优异韧性。复相钢钢主要应用于乘用车A柱、B柱等抗侧翻结构件，有效提升车身被动安全性。与双相钢相比，复相钢强度提高20%~30%，可进一步减小壁厚，实现轻量化。但复相钢因碳当量较高，焊接性和成形性较双相钢略有不足，在汽车拼焊白车身中的应用尚需进一步工艺攻关。

4. 马氏体钢。MS钢通过淬火和回火工艺获得全马氏体组织，强度可达1 500 MPa以上，主要应用于重卡和乘用车的安全防撞件。1 500 MPa级马氏体钢在重卡防撞杠中的应用，可较普通钢材轻40%以上，大幅提升车辆被动安全性。但马氏体钢塑性和韧性相对较低，成形

加工难度大,在汽车覆盖件等变形件中的应用受限。

5. 奥氏体钢。奥氏体钢利用奥氏体在变形过程中向马氏体转变,获得超高强度和良好延伸率。1 200 MPa 级奥氏体钢在乘用车防撞杆中已获得应用,在高强度、抗侵入性、耐腐蚀性等方面表现突出,但其合金成本较高,工艺控制难度大,产业化应用尚待进一步突破。

(二)高强度钢材在轨道车辆中的应用进展

轨道车辆以其安全、快捷、节能、环保等优势,是现代化综合交通运输体系的骨干。随着时速提升和轻量化需求的出现,高强度钢材在轨道车辆车体、转向架等关键部件中得以广泛应用。

车体是高速列车的主要承载结构,直接关系列车的强度、刚度、振动等性能。铝合金因强度不足,已逐步被 780 MPa 以上高强度钢材所取代。采用 1 180 MPa 马氏体钢和 700 MPa 双宁诱导的可塑性奥氏体钢制造的高速列车车体,在满足 EN12663 强度和刚度要求的同时,车体重量减轻 15%~18%,显著降低了能耗。同时,车体焊接接头采用低温预热和小焊脚工艺,保证了接头疲劳性能。

转向架作为列车的传动装置,在高速、重载等极端工况下承受交变载荷作用,对材料的高周疲劳性能提出苛刻要求。转向架大量采用 S355NL、S460NL 等高强度低合金钢,通过焊后正火 S-N 曲线。转向架摇枕、轴箱等采用 QT500-7 球墨铸铁,经奥氏体化、快冷、回火处理获得高强韧性。630 MPa 级 EA4 T 钢在转向架弹簧、减振器等弹性元件中应用,有效提高了传动装置的疲劳寿命。

(三)高强度钢材在汽车轻量化中的应用策略

汽车轻量化是应对能源危机和环保压力的重要手段,而高强度钢材以其性价比优势成为实现汽车轻量化的主要途径。据统计,高强度钢材每提高 100 MPa,汽车车身重量可减轻 8%~10%。近年来,高强度钢材在汽车防撞梁、车门防撞杆等安全防护部件,以及 A/B/C 柱、纵梁、车架等主承载部件中的应用比例不断提高,推动了整车轻量化水平的持续提升。

合理匹配高强度钢材的强度、塑性、韧性,是汽车轻量化的关键。在前防撞结构中,1 180 MPa 以上超高强度钢可有效吸收碰撞能量,550 MPa 左右高塑性 TRIP 钢有利于防撞结构的折叠变形。在车身特殊区域,980 MPa 左右马氏体钢和复相钢可保证良好抗侵入性,590 MPa 双相钢兼顾强度与成形性。在后纵梁等长杆件结构中,780 MPa 低合金钢可大幅减薄壁厚。合理布置不同强度钢材,协同发挥不同钢种的材料特性,可在满足安全性的同时,也有利于实现轻量化。

先进连接工艺是高强度钢材在汽车轻量化中应用的保证。高强度钢材焊接裂纹敏感性高,热影响区软化倾向明显。针对 780 MPa 以上高强钢的焊接,一方面优化焊接工艺参数,如采用双脉冲 MIG 焊、小电流冷焊等,减小接头热输入,细化焊缝晶粒,降低接头硬度。另一方面,优化接头结构,如采用双面、双丝埋弧焊,非对称 V 形坡口,提高接头疲劳性能。对于 1 500 MPa 以上超高强度钢,可采用搅拌摩擦焊、激光焊等低热输入焊接工艺。

先进成形工艺是高强度钢材在汽车覆盖件应用中的关键。高强钢因屈服比高、回弹大,普通冲压易开裂。热成形技术可有效解决高强钢的成形难题,通过在奥氏体化温度下快速冲压成形并淬火,获得兼具高强度和复杂形状的零件。1 500 MPa 热成形钢已在乘用车 A/B 柱、防撞梁等广泛应用。增量成形技术通过数控滚压头的局部压力成形高强钢板,可实现车门外板、天窗框架等的柔性化生产。

（四）高强度钢材在工程机械中的应用探索

工程机械是高强度钢材的另一重要应用领域。随着工程机械大型化、重载化趋势日益明显,对材料的强度、韧性、耐磨性提出更为严格的要求。起重机臂架、挖掘机动臂、矿用自卸车车厢等大型承载结构,普遍采用 S890 Q、S960 Q 等高强度调质钢,淬火+高温回火获得良好的强韧性匹配。工程机械关键传动部件如齿轮、轴类等,采用 20 CrMnTi、18 CrNiMo 7-6 等中碳合金钢,经调质+渗碳处理,获得高硬度、高疲劳强度。

随着超大型矿用自卸车智能化程度的提升,车身结构件高强钢的应用成为研究热点。通过在 U 形车厢纵梁、端梁等关键部位采用 S960 QC 高强钢,在车厢底板采用耐磨钢,优化设计 U 形车厢肋板结构,研制出载重量达 360 t 的新一代超大型矿用车,较传统矿卡车厢重量减轻 12%,大幅提升了运输效率。

高强钢在工程机械热作模具上的应用,为铸锻件成形工艺的优化提供了新思路。采用 5CrMnMo 高强钢制造 6 300 t 自由锻液压机的模具,经调质处理获得强度 1 600 MPa 以上,硬度 40-45 HRC,在 800 ℃左右具有优异的持久强度。该模具在 100 MPa 高应力工况下,使用 200 次无析出现象,生产效率较传统铸铁模具提高 30%以上。

（五）高强度钢材应用面临的挑战与对策

高强度钢材在交通机械装备轻量化中虽然应用日益广泛,但仍面临工艺适应性、成本等方面的挑战。尤其是在 1 GPa 以上超高强度钢的产业化应用中,需要在钢材成分设计、工艺优化、加工装备等方面积极突破。

高强钢的焊接性是影响其应用的瓶颈之一。高强钢焊接接头强度往往明显低于母材,接头韧性和疲劳性能下降。针对高强钢“以软焊硬”的特点,可从成分设计、热控轧制工艺、焊材匹配、接头几何优化等方面系统提升高强钢焊接性能。在成分设计上,通过降低 C、Mn 等易偏析元素含量,控制 Ti/N 比和 A/N 析出比,可改善焊缝韧性。在 TMCP 工艺优化上,通过控轧+控冷调控奥氏体再结晶,降低母材屈强比,抑制接头软化倾向。在焊材方面,与高强钢性能匹配的药芯焊丝、金属粉芯焊丝等有待进一步开发,以实现接头与母材的性能匹配。

高强钢成形工艺的匹配与优化,是其在覆盖件应用的关键。高强钢回弹大、屈服比高,常规冲压易开裂,需要工艺匹配。热冲压成形虽可获得兼具高强度与复杂形状的零件,但模具成本高、生产效率低。温成形技术通过在低于奥氏体化温度下成形,可兼顾强度与成形性,但变形抗力大,对成形装备提出更高要求。近年来,三维滚压、胀形等柔性成形新工艺不断涌现,但尚未大规模产业化应用。未来,高强钢成形工艺与成形装备协同优化,开发面向不同强塑性匹配的高强钢成形工艺数据库,建立高强钢板带智能加工生产线,是其在交通装备覆盖件应用的重要方向。

高强钢合金成本与性价比的优化，是决定其推广应用的关键因素。目前 1 GPa 以上高强钢多通过添加昂贵的合金元素如 Ni、Nb、Ti 等获得，成本较 780 MPa 钢高 20%~30%。因此，在超高强度钢成分设计中，优化 C、Mn 含量，降低合金含量，在满足使用性能的前提下降低成本，对其大规模应用至关重要。近年来，通过优化连铸、热轧等工艺，提高 UHSS 组织均匀性，在降低合金含量的同时保证强韧性匹配，是超高强度钢成分优化的重要思路。此外，还需建立高强钢设计、加工、使用的性价比评价体系，系统权衡高强钢在全生命周期内的综合效益，合理制定轻量化目标与路线，实现轻量化与成本的平衡。

二、铝合金材料在交通机械装备轻量化设计中的运用

铝合金材料以其高比强度、高比刚度、优异延展性等特点，在交通机械装备轻量化设计中得到广泛应用。相较钢材，铝合金密度低（2.7 g/cm^3 左右），强度与钢材相当，可大幅减轻装备自重，提高承载能力和燃油经济性。同时，铝合金还具有优异的导热性、耐蚀性和可回收性，有利于装备的散热控制、耐久性提升和回收利用。

（一）铝合金材料的类型与性能特点

交通机械装备常用的铝合金材料主要包括变形铝合金和铸造铝合金两大类。其中，变形铝合金根据元素添加种类不同，可分为非热处理强化型（1xxx、3xxx、5xxx 系）和热处理强化型（2xxx、6xxx、7xxx 系）。

1. 1xxx 系纯铝。主要添加 Fe、Si 等元素，强度较低（<150 MPa），但具有优异延展性和耐蚀性，广泛用于车厢内饰、管路等对强度要求较低的部件。

2. 2xxx 系 Al-Cu 合金。强度高（可达 500 MPa 以上），但耐蚀性较差，需要表面处理。广泛用于飞机蒙皮、翼梁等承力结构。

3. 3xxx 系 Al-Mn 合金。中等强度（150~200 MPa），优异冷加工性能，广泛用于车厢装饰板、散热器等。

4. 5xxx 系 Al-Mg 合金。中等强度（200~350 MPa），优异耐蚀性和可焊性，广泛用于载货车厢、船舶甲板等。

5. 6xxx 系 Al-Mg-Si 合金。中高强度（300~400 MPa），优异挤压成型性能，广泛用于轨道车辆型材、汽车控制臂等。

6. 7xxx 系 Al-Zn 合金。超高强度（可达 700 MPa 以上），但韧性和焊接性较差。广泛用于航空结构件、高压气瓶等。

铸造铝合金以高硅铝合金为主（如 A356、A380），强度与变形铝合金相比略低，但铸造性能优异，可形成复杂薄壁结构。广泛应用于汽车轮毂、变速箱壳体等。

（二）铝合金材料在航空航天装备中的应用

铝合金材料是航空航天装备的首选结构材料，在飞机结构重量中占比达 80%以上。2xxx 系超高强度铝合金是飞机承力结构的主要材料，如 2024、2524 等 Al-Cu-Mg 合金，在机翼蒙皮、长桁、隔框等处广泛采用，静强度可达 500 MPa，与高强钢相当，但密度仅为钢材的 1/3。

7xxx 系 Al-Zn 合金如 7050、7075、7A52，强度更高（可达 700 MPa 以上），主要用于起落架、襟翼等承载大、变形小的部件。

飞机蒙皮常采用 2024、2524 铝合金厚板，通过特殊热处理获得高强度和高损伤容限。如 C-919 大型客机机身蒙皮，采用 2524-T3 铝合金，在 520 MPa 强度水平下，断裂韧性达 32 MPa·m1/25，达到国际先进水平。某新型隐身攻击机机翼蒙皮，采用 2524 铝锂合金，在同等强度下，较普通铝合金轻 10%以上。

铆接是飞机铝合金结构装配的主要方式，接头疲劳特性直接影响结构寿命。通过优化铆钉材料与工艺，改善铆接接头疲劳性能成为铝合金在飞机上应用的重点。如采用 Al-Li 合金铆钉替代传统 2117 铆钉，在提高接头疲劳寿命的同时，减重 15%～20%。研究表明，激光撞击强化可显著提高铆接接头疲劳性能，24 000 次应力循环下疲劳寿命提高 1 倍以上，已在新一代大型客机中试应用。

（三）铝合金材料在轨道车辆轻量化中的应用

高速铝合金轨道车辆具有轻量化、快速化、节能化等优势，在高寒、高原、沿海等特殊线路运营中优势明显。铝合金车体较钢制车体自重减轻 30%～50%，显著降低了车轮/钢轨接触载荷和动力学影响，提高了线路适应性和运营速度。

欧洲多个国家的高速列车广泛采用铝合金车体，如法国 TGV、德国 ICE3 等，运营时速达 350 km/h。其车体主要采用 6005A-T6 挤压型材，强度可达 320 MPa，通过大型型材挤压+摩擦搅拌焊接，获得尺寸精度高、残余应力小的一体化车体结构。日本新干线采用 A6N01-T5 铝合金车体，强度达 400 MPa，在提高运营速度的同时，实现减重 30%以上。

国产“复兴号”标准动车组铝合金车体实现了自主设计制造，采用 6005A-T6 大型型材，通过摩擦搅拌焊、激光焊等先进连接工艺，获得高强度、高刚度、高精度的一体化焊接车体，为时速 350 km 运行奠定基础。为进一步提速至 400 km/h，在新一代车体开发中，采用强度更高的 7075 铝合金和抗蚀性更优的 5083 铝合金复合运用，并通过优化型材壁厚、加大芯层厚度等措施，在减重的同时保证强度和刚度，实现了速度和轻量化的平衡。

（四）铝合金材料在新能源汽车轻量化中的应用

随着节能环保法规日益严格，新能源汽车轻量化势在必行，而铝合金以其综合性能优势，在车身、底盘等多个系统获得应用。以某纯电动 SUV 为例，在高强钢车身基础上，全铝合金车身可减重 40%以上，百公里续航里程提升 20 km 以上。

车身铝合金蒙皮件主要采用 5xxx 和 6xxx 系合金，兼具成形性和强度。如 6016-T4、6111-T4 等，抗拉强度 250～300 MPa，延伸率超 30%，可满足复杂外板冲压成形需求。典型零件如铝合金发动机舱盖、车门、天窗框架等。内板主要采用 5182、6009 等，强度略低于外板，可满足内板刚度的基本要求。

铸造铝合金在汽车底盘系统应用广泛。如转向节采用 A356-T6，强度可达 250 MPa 以上，较球铁减重 40%以上。前下控制臂采用 A357-T6，强度超 300 MPa，较钢制减重 50%。铝合金轮毂广泛采用 A356，较钢制轮毂减重 25%～40%。铝合金制动钳体采用压铸 ADC12，在降低簧下质量的同时，提高了散热性能。

铝合金在商用车轻量化中也得到推广应用。如某纯电动物流车厢体采用 5083-H32 铝合金板，配以 6061-T6 型材加强筋，较传统升降尾板式厢体减重 35%。北美卡车市场采用 5454-H32 铝合金自卸车厢，在满足 50 t 矿石载荷要求的同时，较高强钢车厢减重 25%，大幅提高了矿卡的运输效率。

(五) 交通装备铝合金轻量化技术的挑战与展望

尽管铝合金材料在交通装备轻量化中已获得广泛应用，但在高端装备对材料性能提出更高要求的背景下，铝合金轻量化技术仍面临诸多挑战。

超高强铝合金的成分与工艺优化，是实现飞机结构减重 20%以上的关键。目前，通过在 7xxx 系铝合金中添加 Ag、Sc 等合金元素，在 500 ℃以上获得 $Al_3(Sc,Zr)$ 弥散相，抗拉强度可超 800 MPa，但成本较高，工程化应用尚待攻关。在成分优化基础上，通过预变形、两步时效等工艺优化，获得高密度、细小的析出相，在提高强度的同时，改善韧性。未来，面向新一代大型客机、航天飞行器的需求，亟需突破超高强铝合金在批量化制备、成形加工、表面处理等方面的技术瓶颈，实现其规模化应用。

先进成形与连接工艺是铝合金在轨道车辆轻量化中应用的重点。铝合金型材在挤压成型后，存在尺寸精度不足、残余应力大等问题，需要后续矫直、热处理等工序。摩擦搅拌焊在大尺寸薄壁件连接方面具有独特优势，但焊接接头软化明显，抗变形能力不足。激光焊虽可显著抑制接头变形，但焊缝易产生气孔、裂纹等缺陷。未来，需加强铝合金轨道车辆焊接接头的组织性能演变机理研究，开发与铝合金性能相匹配的焊接材料，优化焊接工艺参数，在提高接头强度的同时，保证其可靠性和耐久性。

铝合金在新能源汽车轻量化中的应用尚需进一步降本增效。目前，铝合金车身制造成本较高强钢高 50%以上，而其回收利用不及钢材，全生命周期经济性有待系统评估。铝合金在电池盒、电机壳等部件中的应用尚不充分，在散热、屏蔽等方面的性能优势有待进一步发挥。未来，在多材料轻量化设计中，铝合金需要与高强钢、工程塑料、碳纤维等协同优化，扬长避短，发挥自身优势。同时，铝合金在设计、制造、回收等全生命周期内的技术经济性亟需系统评估，建立轻量化效益与成本的权衡机制。

总之，交通装备轻量化是一项系统工程，需要材料、设计、工艺、评价等多学科融合创新。铝合金作为轻量化的关键材料，要立足自身特点，围绕高端装备对轻量化、集成化、智能化的需求，与先进设计制造工艺深度融合，不断开拓应用新空间。同时，铝合金轻量化不应局限于单一材料替代，而应在多材料、多尺度、多功能的复合设计中找准自身定位，在与其他材料的互补叠加中实现轻量化和效益最大化。可以预见，随着交通装备智能化、节能化、舒适化发展，对轻量化材料提出的要求将日益多样化、综合化、极端化，其对铝合金材料及其轻量化技术提出了更高要求，也为其创新发展提供了广阔空间。

三、复合材料技术在交通机械装备中的研究进展

复合材料是由两种或两种以上不同性质的材料通过物理或化学方法复合而成的材料，综合了各组分材料的优点，具有高比强度、高比刚度、可设计性强、耐腐蚀性好等特点。随着材料科学与工程的发展，复合材料在交通机械装备轻量化、高性能化、多功能化设计中得到日益广泛的应用，成为引领交通装备技术进步的重要方向。

（一）复合材料在航空航天装备中的应用

航空航天装备对材料的比强度、比刚度提出了极高要求，而碳纤维复合材料的出现，使飞机、航天器的结构效率和性能得到革命性提升。波音 787 飞机是目前应用复合材料比例最高的民用飞机，其机身、机翼等主承力结构 50%以上采用碳纤维复合材料，相比传统铝合金飞机减重 20%以上，同时也造就了更优的气动外形和机身抗压性能。空客 A350XWB 飞机 53%的结构用量为复合材料，率先采用碳纤维复合材料承力梁-蒙皮一体化设计，大幅减少了连接件用量，实现最优气动外形。

先进树脂基复合材料在大型运载火箭结构设计中也得到广泛应用。美国新一代猎鹰 9 号运载火箭采用碳纤维缠绕液氧贮箱，在满足苛刻温度载荷条件下，实现贮箱重量减轻 30%，有效提高运载能力和可重复使用性能。我国新一代运载火箭也大量采用树脂基复合材料技术，如长征五号芯一级箭体采用直径 5.2 m 的碳纤维缠绕复合材料壳体，在国际上首次实现超大直径壳体的设计制造。长征八号一子级全采用碳纤维增强树脂基复合材料，全箭干重减轻 20%以上。

（二）复合材料在轨道车辆轻量化中的应用

轨道车辆轻量化可显著降低线路建设成本、提高运载效率、降低能耗排放。我国新一代“复兴号”高速列车在转向架构架、车体侧墙等处大量采用碳纤维复合材料，在保证强度和刚度的同时实现减重 15%，进一步提升了高速动车组的速度品质。德国 ICE 新一代高速列车车顶、侧墙、地板等大量采用三明治结构复合材料，在满足高强度、高隔音、高绝缘等性能需求的同时，实现减重 20%以上。日本新一代 N700s 新干线采用全碳纤维复合材料车体，在保证强度和舒适性的前提下，实现减重 40%，运营时速提高至 360 km/h。

城市轨道车辆对材料的阻燃性、耐腐蚀性、环保性等提出更高要求，复合材料凭借优异的综合性能在地铁、有轨电车等领域得到推广应用。如法国阿尔斯通雪铁龙有轨电车车体全部采用玻璃纤维增强不饱和聚酯复合材料，材料密度不到铝合金的一半，在有效减重的同时，保证优异的绝缘阻燃性能。我国某地铁列车转向架构架采用碳纤维/环氧树脂复合材料，较传统钢制构架减重 35%，并具有优异的防腐蚀性和疲劳寿命，在盐雾环境下运行也无需重涂。

（三）复合材料在新能源汽车轻量化中的应用

随着新能源汽车加速发展，对车身轻量化和电池系统安全性提出更高要求，复合材料成为兼顾轻质高强和多功能特性的首选材料。宝马 i3、i8 等纯电动车型实现“碳纤维车身+铝合金底盘”的多材料轻量化设计，其中，车身采用 RTM 成型的碳纤维/环氧复合材料，与高强钢

车身相比自重轻50%以上,百公里续航里程超400 km。特斯拉 Model 纯电动跑车采用铝蜂窝夹芯复合材料车身,在满足五星碰撞安全的同时,实现整车重量不到2.1 t,百公里加速仅需2.3 s。

动力电池组作为新能源汽车的“心脏”,对电池盒的轻量化、防护性、系统集成等提出严苛要求,而复合材料电池盒成为解决之道。宁德时代研发的CTP碳纤维电池盒,将电芯直接嵌入型腔集成,取消了模组环节,实现电池包能量密度提升15%~20%,电池包重量减轻50%,在满足电池防护等级要求的同时,大幅降低成本。比亚迪e平台电池盒采用SMC玻璃钢材料,在防水、防火、防腐、绝缘等方面优于金属材料,可靠性高,成本更低。未来,随着车规级热塑性复合材料的发展,其在动力电池结构件中的应用将不断深化。

(四)复合材料在船舶与海工装备中的应用

船舶与海工装备服役环境恶劣,对材料的耐腐蚀性、疲劳寿命、防火阻燃等性能要求高,而先进复合材料能够同时满足减重、耐腐、隔音、防火等多重需求。欧洲最大的豪华游艇维阿特里斯全船采用碳纤维/环氧真空导入成型工艺,船体重量较铝合金船减轻60%以上,最大航速可达40节,在高速性能和豪华装饰方面树立了新标杆。美国海军濒海战斗舰LCS-2“独立”号采用全复合材料船体,在高速、隐身、载重等方面性能卓越,被誉为海军舰艇装备的重大突破。

海洋工程装备因高盐、高湿服役环境对材料防腐蚀性能要求极高,如海上风电机舱罩、叶片和桨塔,由于采用防腐涂层的金属材料存在涂层脱落、防护周期短等问题,逐步被玻璃钢、碳纤维复合材料所取代。全球单机容量最大的通用电气 Haliade-X12MW 海上风机,叶片长度超过107 m,全部采用碳纤维/环氧预浸料真空导入罐式缠绕工艺制造,在优异力学性能的同时,相较于金属叶片防腐蚀性能显著提升,使用寿命可达30年以上。

(五)交通装备用复合材料的设计与制造新进展

复合材料设计与制造是其在交通装备应用的关键,直接决定了复合材料构件的性能品质与成本效益。近年来,复合材料的设计制造技术不断创新,在多尺度力学性能表征、拓扑优化设计、自动化制造等方面取得重要突破。

多尺度力学性能的准确表征是复合材料结构设计的前提。利用X射线断层扫描、同步辐射等先进无损检测手段,可获得纤维织物多尺度变形破坏模式。基于纤维束细观力学模型,通过数值双尺度分析可准确预测复合板压缩屈曲、冲击损伤等复杂失效模式。利用纳米压痕、原位拉伸等实验手段,揭示纳米增强相与基体的多尺度界面黏结机制,建立从微观结构到宏观性能的多尺度分析模型,为复合材料结构性能设计奠定了理论基础。

拓扑优化是在给定载荷下实现结构轻量化设计的有效方法,可充分利用复合材料的各向异性和可设计性,实现构件性能最优化。基于变密度法(SIMP)插值模型和灵敏度分析,建立以比刚度最大化为目标的拓扑优化数学模型,获得构件的最优材料分布。在此基础上,进一步优化铺层顺序和纤维取向,实现构件刚度与强度的匹配设计。拓扑优化设计在航空发动机叶片、转向架侧架等承力构件设计中初见成效,在保证结构强度的前提下,自重可减轻20%

以上。

自动化制造技术的突破，极大地提升了复合材料构件制造的效率与质量稳定性。自动铺带/铺丝技术（ATL/AFP）可实现纤维增强材料的自动堆叠，获得低空隙率、力学性能稳定的预制件。自动化树脂传递模塑（RTM）可显著提高成型效率和产品一致性，在航空、轨道等领域获得推广应用。热压罐固化是树脂基复合材料的主要成型工艺，而自动控压固化工艺通过优化升温曲线和压力曲线，在缩短固化周期的同时，也可抑制基体开裂、分层等缺陷，已在大型客机、高铁转向架等领域实现产业化应用。

（六）交通装备用复合材料的发展趋势与挑战

随着交通装备向着轻量化、集成化、智能化方向发展，对复合材料的性能需求将更加多元化、极端化、长寿命化，这对复合材料的基础研究和工程化应用提出了更高要求。

高性能树脂基复合材料是航空航天、高速轨道等领域的关键材料，但树脂基体的脆性、耐温性等依然是掣肘其应用的瓶颈。通过在环氧树脂中引入柔性链段、聚合诱导相分离等，可获得兼具高强韧性和高耐温性的新型树脂基体。在树脂基体中通过表面改性的纳米材料，可显著提高树脂强度、韧性和导电性能，树脂基纳米复合材料正在兴起。随着新型树脂基体的突破，高性能树脂基复合材料在超音速飞行器、高速磁悬浮等极端载荷、极端环境下的应用将不断拓展。

热塑性复合材料以其优异的韧性、耐冲击性、快速成型性，在汽车轻量化领域备受青睐，但其力学性能与树脂基复合材料相比尚有差距。近年来，通过开发高强高模聚酰胺、聚醚醚酮等新型热塑性树脂，优化增强纤维与基体的界面设计，热塑性复合材料的比强度、比模量得到显著提升。同时，连续纤维增强热塑性复合材料的自动铺丝、快速成型等工艺技术不断突破，正在新能源汽车车身、底盘等领域加速应用。随着材料、工艺、装备的同步优化，热塑性复合材料有望在更多交通装备领域实现金属材料的替代。

功能复合材料是复合材料的前沿方向，通过结构-功能一体化设计，实现防腐蚀、隔音降噪、自修复、健康监测等多种功能。在树脂基体中掺杂石墨烯、碳纳米管等导电填料，可获得高强度、高导电性的结构-功能一体化复合材料，在航空航天防静电/防雷击领域具有广阔应用前景。通过仿生设计蛋白质纤维与树脂基体的界面结构，构建具有天然层状界面的仿生复合材料，可显著提高复合材料的阻燃性和抗冲击韧性。利用形状记忆聚合物复合材料的刺激响应特性，可实现航空结构、卫星天线等的自主展开与变形控制。功能复合材料的发展，将显著拓展复合材料在交通装备领域的应用空间。

总之，复合材料在交通机械装备轻量化、高性能化、多功能化设计中正发挥越来越重要的作用，引领着交通装备的创新发展。但复合材料要真正成为交通装备的主导结构材料，尚需在基础研究、工程化应用等方面实现突破。要不断加强复合材料设计、制造、评价、应用等全产业链协同创新，发挥产学研用联合优势，加强新材料、新工艺、新装备的集成应用。

第二节 交通机械装备结构设计与优化

一、交通机械装备的载荷分析与结构设计

交通机械装备是在复杂工况下完成货运或客运等任务的大型机电系统,对结构的可靠性、安全性、轻量化提出了极高要求。载荷分析是交通机械装备结构设计的基础,通过分析装备在服役过程中承受的各种静动载荷,从而实现装备各承力结构尺寸、布局和材料的合理选择,最终保证装备的安全性和可靠性。

(一)交通机械装备的载荷工况分析

1. 标准静态载荷。准静态载荷指在较长时间内缓慢变化、准静态作用于装备结构上的载荷,主要包括装备自重、载客/载货重量、风载等。通过有限元法、经验公式等手段确定准静态载荷的大小和分布特征,是确定装备结构强度的基本依据。如高速列车在 350 km/h 速度下,其车体自重载荷可达 400 kN 以上,需进行详细的静强度分析,通过优化车体材料、壁厚等参数实现安全可靠。

2. 动态载荷。动态载荷是指随时间快速变化、频繁作用于装备结构上的载荷,主要包括装备振动载荷、冲击载荷等。动态载荷直接影响装备的使用寿命和乘坐舒适性,需要开展载荷识别、信号处理等试验分析,结合仿真手段确定动态载荷的时域/频域特性。

3. 极限工况载荷。极限工况载荷是指在装备使用过程中遇到的极端恶劣情况下的载荷,如列车高速脱轨、飞机迫降等,此时装备结构承受的载荷远大于常规工况,属于小概率事件。针对极限工况载荷,要从失效模式和事故后果两方面制定设计准则,通过大量的台架试验和数值仿真,确定结构的极限载荷条件,同时,采取必要的结构防护和冗余设计,有效保证乘员和货物的安全。

(二)载荷不确定性分析方法

交通机械装备的服役环境和工况具有显著的随机性和多变性,传统确定性载荷分析方法难以全面反映装备实际受力状态。随着计算能力的提升和大数据技术的发展,载荷的不确定性分析方法得到广泛应用,可更加准确地预估装备结构的安全裕度。

1. 随机载荷建模方法。通过大量的装备运行工况测试数据挖掘,针对不同类型的载荷,建立相应的随机过程模型。如高速列车气动载荷可用非平稳随机过程模型描述,各向风载可用非高斯随机过程模型描述。采用先进的时间序列分析、机器学习等方法,对随机载荷的统计特性、频谱特性进行拟合,获得载荷不确定性的定量化表征。

2. 基于非概率论的载荷不确定性分析。非概率论方法不依赖载荷的概率分布信息,通过描述载荷的边界范围、凸集合等,获得载荷不确定性的保守估计。区间分析法通过定义载荷的上下边界,获得结构响应的区间范围。凸集合理论通过定义载荷不确定集合的形状和大小,获得装备结构性能的可行域。非概率论方法计算效率高,工程实用性强,在装备快速设计

迭代中得到广泛应用。

3. 载荷的多信息融合方法。针对装备在全寿命周期内获得的多源异构载荷信息，采用多信息融合方法对载荷效应进行综合分析。贝叶斯理论通过定义载荷的先验分布和似然函数，同时，根据在线监测数据不断更新后验分布，获得装备结构可靠性的动态评估。D-S 证据理论通过定义载荷信息的基本概率赋值，并对不同证据进行融合，获得载荷效应的置信度。多信息融合载荷分析技术，可描述装备全寿命周期“设计—生产—使用—维修”的载荷演变规律，实现装备结构的全寿命周期完整性管理。

（三）面向服役载荷的装备结构优化设计

在准确载荷分析的基础上，采用现代优化设计方法对装备结构进行优化，在保证强度、刚度、稳定性、疲劳等约束条件下，获得结构性能的最优配置，是装备结构设计的重要方向。

拓扑优化设计可在保证装备结构性能的同时，获得材料布局的最优分布，大幅提高结构的承载效率。基于变密度法和均匀化方法的拓扑优化，通过定义相对密度设计变量，建立宏微观尺度的物理模型，获得装备结构的最优拓扑布局。在航空发动机叶盘设计中，基于拓扑优化获得了叶盘轮缘的变厚度设计，在保证强度和振动性能的前提下，可减重 15%以上。

尺寸优化设计在拓扑优化的基础上，进一步优化装备结构的特征尺寸参数，在载荷不确定性的影响下获得结构的稳健设计。基于灵敏度分析方法的尺寸优化，通过定义壁厚、长度等结构参数，建立结构响应与设计参数的显式映射关系，获得结构尺寸的最优配置。在高速列车转向架设计中，采用尺寸优化获得了构架梁截面的最优尺寸，在满足强度和刚度要求的同时，可减重 10%以上。

多学科优化设计在考虑载荷作用的同时，进一步综合考虑装备结构的空气动力学、动力学、控制等多学科耦合效应，获得载荷与结构响应的平衡优化。协同优化策略通过定义系统级优化目标和学科级优化子目标，建立“主问题-子问题”两层递阶优化模型，实现大型复杂装备结构的多学科分布式优化。在航天飞行器总体设计中，采用多学科优化获得了机翼气动外形与结构布局的最优匹配，实现升阻比提高 5%以上。

（四）装备结构分析与优化设计技术展望

随着交通机械装备向高速、重载、轻量化方向发展，机、电、液、控、材料等多学科高度集成，对结构的分析与优化设计技术提出了更高要求，需要载荷分析、建模仿真、优化算法等方面的持续创新。

高速发展的数值模拟与仿真技术，为装备结构分析提供了前所未有的手段。超大规模并行有限元方法可对百亿自由度量级的装备结构进行全三维建模分析，揭示了结构内部复杂的应力应变分布规律。而将人工智能技术与仿真分析相结合，通过深度学习、迁移学习等技术，训练仿真模型的智能响应代理，可大幅提高装备结构分析的计算效率，实现从经验设计向智能设计的跨越。

拓扑优化、尺寸优化等传统优化设计方法虽然在装备减重设计中卓有成效，但依然无法充分利用新材料、新工艺带来的设计自由度。而以增材制造为代表的新型制造工艺，为装备结构优化设计提供了新的思路。以拓扑优化获得的点阵结构为例，将其作为增材制造的几何输入，可直接打印出性能最优的复杂结构。将智能优化算法与快速成型制造工艺参数相结合，可获得制造感知的装备结构优化设计，有望彻底突破传统制造方法的设计局限性。

多学科优化设计是未来装备结构一体化设计的主攻方向，但目前尚局限于结构、流体、控制等传统学科间的耦合优化，对材料、工艺等因素考虑不足。而以主动结构、智能结构为代表的新概念结构的出现，对多学科优化技术提出了新的需求。主动结构通过集成压电、形状记忆等功能材料，实现结构刚度、阻尼的主动调控，而多学科优化需考虑智能材料的非线性特性和驱动机理。智能结构通过分布式传感和自诊断算法，实现结构健康状态的实时评估，而多学科优化需将在线监测反馈和寿命预估纳入系统设计的闭环迭代。

总之，交通机械装备结构分析与优化设计是一项多学科交叉、知识密集型工作，涉及力学、计算机、材料、制造等诸多领域前沿技术。只有瞄准装备智能化、高性能、绿色化的发展需求，加强基础理论研究，突破关键共性技术，深化产学研用协同创新，加快成果产业化应用，才能支撑交通装备的创新发展，为交通强国建设提供坚实的技术支持。

二、现代优化设计方法在交通机械装备中的应用

交通机械装备是集结构、机械、电气、液压、控制等多学科技术于一体的大型机电系统，其结构件的布局形式、参数选择对装备的性能、质量、成本等效益指标具有决定性影响。传统装备结构设计主要依赖设计人员的经验和直觉，难以获得最优设计方案。而现代优化设计方法以数学规划理论为基础，通过定义优化目标、约束条件和设计变量，在参数空间内搜索最优设计点，可在设计初期获得接近最优的设计方案，缩短开发周期，提高产品竞争力。

（一）参数优化设计在交通机械装备中的应用

参数优化设计是以结构参数为设计变量，在给定的约束条件下，寻求目标函数极值的优化设计方法。目标函数通常是结构质量、成本、可靠性等，约束条件包括强度、刚度、稳定性、工艺等。参数优化可用于结构尺寸、形状等参数的寻优，实现装备结构的快速优化设计。

1. 载重车辆车架优化设计。车架是载重车辆的核心承载结构，其质量占整车自重的25%以上，对车辆的动力性、经济性、安全性等有重要影响。针对某重型自卸车车架，以车架质量最小为目标，以梁截面尺寸、板厚等为设计变量，以强度、刚度、稳定性等为约束条件，建立车架参数优化模型。采用序列二次规划算法进行优化设计，获得了车架各部件的最优截面参数。经有限元分析验证，优化后车架最大米赛斯应力满足强度要求，整体刚度满足使用要求，车架质量降低 12%，车辆装载质量提高 8%。车架优化设计在车辆轻量化设计中发挥了重要作用。

2. 动车组牵引电机悬吊装置优化设计。牵引电机悬吊装置是动车组的关键传动部件，对车辆的平稳性和乘坐舒适性有重要影响。针对某动车组用管壳式牵引电机，以提高悬吊装置的振动舒适性为目标，以悬吊装置橡胶件的尺寸、硬度等为设计变量，以悬吊装置频率、橡胶静变形量为约束条件，建立悬吊装置参数优化模型。采用响应面法和遗传算法进行多目标优

化设计，获得了悬吊装置橡胶件的最优参数。经模态试验验证，优化后悬吊装置的固有频率满足防共振要求，橡胶静变形量降低 15%，提高了悬吊装置的使用寿命。同时，通过有限元仿真分析表明，牵引电机悬吊系统的振动加速度降低 20%以上，有效改善了车内振动舒适性。

3. 高压共轨喷油泵凸轮轴优化设计。凸轮轴是高压共轨系统的核心动力部件，其质量和转动惯量对系统的喷油性能和燃油经济性有重要影响。针对某大泵量高压共轨泵，以凸轮轴最小质量为目标，以基圆半径、凸轮廓线等为设计变量，以接触应力、抗弯强度、凸轮廓线光滑性为约束条件，建立凸轮轴参数优化模型。采用序列二次规划算法进行优化求解，获得了凸轮轴的最优廓线参数。经样机试验验证，优化设计的凸轮轴在低速大扭矩工况下，供油压力波动降低 10%，喷油量偏差减小 8%，油泵效率提高 5%，实现了喷油系统的性能优化。

（二）拓扑优化设计在交通机械装备中的应用

拓扑优化设计是在给定载荷和约束条件下，通过优化材料分布获得最优结构布局形式的设计方法。拓扑优化可突破经验设计的局限性，获得复杂载荷下的最优传力路径，在满足强度、刚度等性能约束的同时，实现结构的轻量化设计。

1. 工程机械动臂拓扑优化设计。挖掘机动臂是主要承载结构，需保证足够的强度和刚度，同时要尽量降低自重以提高作业效率。针对某 20 t 液压挖掘机动臂，以最小化动臂柔度和质量为目标，以整体变形和米赛斯应力为约束条件，建立动臂拓扑优化模型。采用变密度法和优化准则法相结合，获得了动臂结构的最优拓扑布局。在此基础上，进一步进行尺寸优化和局部结构细化，形成了动臂结构的轻量化设计方案。经有限元分析验证，优化后动臂刚度提高 15%，最大应力降低 12%，整机自重降低 5%，为挖掘机的节能设计提供了新的途径。

2. 高速列车转向架构架拓扑优化设计。转向架构架是高速列车的关键承载结构，在高速运行工况下经受复杂交变载荷作用。针对某时速 350 km 动车组构架，以构架刚度最大化为目标，以构架强度、稳定性和轮轨力为约束条件，建立构架拓扑优化模型。采用变密度法和渐进结构优化法，获得了构架的最优材料分布。在拓扑优化基础上，进一步进行参数化尺寸优化，获得了构架轻量化设计方案。通过多体动力学仿真分析，优化设计的构架各项性能指标均满足设计要求，构架质量降低 8%，为高速动车组的轻量化升级提供了新的设计思路。

3. 矿用自卸车车厢拓扑优化设计。矿用自卸车车厢在装载、行驶、卸载等工况下承受复杂载荷作用，传统车厢采用加劲板结构，存在质量大、充填率低等不足。针对某 300 t 矿用车 U 形车厢底板，以最大化底板刚度为目标，以强度、斜拉杆布置等为约束条件，建立底板拓扑优化模型。采用 SIMP 插值法和密度惩罚因子，获得了 U 形底板的最优加筋布局。进一步开展尺寸优化和形状优化，确定加劲板的最优厚度和外形。经有限元分析验证，优化后底板整体刚度提高 20%以上，极限载荷下最大变形减小 15%，车厢自重降低 10%。拓扑优化设计不仅实现了车厢的减重，而且改善了车厢的受力性能，为矿用车底盘轻量化设计开辟了新的途径。

（三）多学科优化设计在交通机械装备中的应用

交通机械装备是典型的多学科耦合系统，涉及结构、流体、控制、多体动力学等多个学科。

各学科间存在复杂的耦合关系,单学科优化设计难以兼顾各学科间的协调与平衡。多学科优化设计以系统论观点审视复杂装备系统,通过对各学科间耦合关系的协调求解,平衡局部与整体的设计需求,获得整体最优的设计方案。

1. 高速列车头型多学科优化设计。高速列车头型设计需兼顾空气动力学、强度刚度、驾驶视野、美学造型等多个学科的要求。传统头型设计往往先考虑流线型,再开展结构设计,缺乏学科间平衡。针对某时速 400 km 高速列车头型,以列车阻力最小为目标,以头型强度、视野角、风挡玻璃曲率等为约束条件,建立头型多学科优化模型。采用协同策略优化方法,实现了头型气动外形与结构布局的同步优化。多学科优化获得的头型方案,在气动性能、结构强度、驾驶视野等方面均优于传统设计方案。经风洞试验验证,多学科优化头型的气动阻力系数降低 5%,侧风稳定性提高 10%。头型多学科优化设计有效协调了气动、结构、人机工程的设计需求,为高速列车"提速"奠定了基础。

2. 工程机械多学科轻量化设计。工程机械设计需综合考虑结构强度、液压系统、传动系统、操纵稳定性等因素。针对某 25 t 液压挖掘机,以最大化挖掘力、最小化整机自重为目标,以动臂强度、液压元件布置、操纵性为约束条件,建立挖掘机多学科轻量化设计模型。采用多层次分解协调策略,对挖掘机进行了结构-机械-液压-控制的一体化设计。通过多学科拓扑优化获得了动臂的最优拓扑布局,进一步开展尺寸优化获得了动臂的最优壁厚分布。通过液压-结构耦合优化获得了布局紧凑、压力平稳的多路阀组方案。通过操纵性-结构耦合优化获得了轻量化驾驶室人机工程布置方案。经样机试验验证,多学科优化的挖掘机各项性能指标均优于原方案,挖掘力提高 8%,整机自重降低 12%,为工程机械的节能升级开辟了新途径。

3. 新能源客车多学科系统集成优化。新能源客车设计涉及车身、底盘、电池、电机、控制等多个系统的集成,需在动力性、经济性、安全性之间进行权衡。针对某 12 m 纯电动公交车,以最大化续驶里程、最小化电耗为目标,以整车强度、电池布置、驱动性能等为约束条件,建立了多学科系统集成优化模型。在此基础上,开展了车身轻量化、电池系统、驱动系统的多学科协同优化设计。多学科优化使车身质量降低 15%,在满足强度要求的前提下获得了电池包的最优布置方案,优化了单体电芯选型与电池管理策略,电池能量密度提高 20%。优化后纯电动客车的百公里电耗降低 15%,续驶里程提高 20%,有力推动了新能源客车的产业化进程。

多学科优化设计是兼顾整车性能、经济性、轻量化的系统化设计方法,代表了现代交通装备的设计思想和发展方向。但多学科优化涉及诸多学科前沿领域,在理论与方法、工程应用等方面仍面临诸多挑战。如多学科模型的高效集成与解耦方法、多学科不确定性设计方法、多学科设计的知识驱动与智能化方法等,有待从基础理论、数值算法等方面进一步突破。同时,多学科优化涉及诸多商用软件和自主开发软件,不同软件平台间的数据交互与流程集成也有待完善。未来,多学科优化设计必将在更多类型装备的轻量化、智能化设计中得到推广应用,成为交通装备创新发展的加速器。

总之,现代优化设计方法是交通机械装备实现轻量化、高性能、高可靠、低成本的有力工具,在参数优化、拓扑优化、多学科优化等方面取得了丰硕成果,有力推动了交通装备的技术进步。

三、拓扑优化技术在交通机械装备结构设计中的应用

拓扑优化是一种在给定约束条件下，通过优化材料分布实现结构性能最优的设计方法。与尺寸优化、形状优化等传统结构优化方法相比，拓扑优化可获得突破经验设计局限的全新结构布局形式，在满足强度、刚度等性能要求的同时，有效减轻结构自重，因而在飞机、汽车、高铁等交通机械装备的轻量化结构设计中备受青睐。

（一）飞机结构的拓扑优化设计

飞机是典型的大型复杂装备，其结构设计需兼顾强度、刚度、稳定性、气动外形等多重因素。近年来，国内外众多飞机设计企业与科研院所开展了飞机结构拓扑优化设计的系统性研究与应用。

1. 飞机机翼肋板拓扑优化设计。机翼肋板是飞机的关键承力结构，传统设计采用人字形加筋布局，存在应力分布不均、局部应力集中等问题。针对某支线客机机翼肋板，以最小化结构柔度为目标，以体积分数、制造工艺等为约束条件，建立肋板拓扑优化设计模型。采用变密度法求解拓扑优化问题，获得了具有树枝状拓扑结构的机翼肋板布局形式。拓扑优化后的肋板应力分布更加均匀，最大米塞斯应力降低 20，结构重量减轻 15%。进一步开展尺寸优化与铣削工艺仿真分析，得到了兼顾性能与工艺的肋板优化设计方案，有力推动了国产支线客机的自主设计。

2. 飞机起落架支柱拓扑优化设计。起落架支柱在飞机起飞、着陆等工况下承受冲击载荷，并通过弹簧、减震装置吸收冲击能量，是飞机的关键安全部件。针对某大型客机主起落架支柱，以结构柔度最小化为目标，以强度、稳定性、落地冲击载荷等为约束，建立支柱拓扑优化模型。采用渐进结构优化法（ESO）进行拓扑优化设计，获得了主起落架支柱的最优拓扑布局。在此基础上，进一步开展参数化建模与尺寸优化，获得了主起落架支柱的轻量化设计方案。有限元分析表明，优化支柱的最大米塞斯应力满足强度要求，落地冲击载荷下位移满足约束条件，支柱重量减轻 12%，有效改善了起落架系统的承载性能和使用可靠性。

3. 航空发动机叶片拓扑优化设计。发动机叶片在高温、高速、高载荷等恶劣工况下长期工作，对其振动特性、气动性能提出了极高要求。针对某涡扇发动机压气机叶片，以最大化叶片固有频率为目标，以气动外形、叶根应力等为约束，建立叶片拓扑优化模型。采用变密度法和灵敏度过滤技术，对叶片各截面的拓扑结构进行优化，获得了压气机叶片的变厚度最优拓扑布局。在此基础上，进一步进行气动-结构多学科优化设计，获得了兼顾气动性能与结构动力学性能的压气机叶片设计方案。经叶栅气动性能试验与叶片振动台试验验证，优化后压气机叶片的气动效率提高 0.5%，共振裕度满足设计要求，为航空发动机的效率和可靠性提升开辟了新途径。

（二）车辆结构的拓扑优化设计

车辆轻量化是节能减排的重要手段，而车身、底盘等承载结构的轻量化设计是其关键。

拓扑优化可突破传统车身加筋板设计的局限性，获得性能更优、重量更轻的全新结构布局形式，引领汽车、高铁等车辆结构的轻量化设计变革。

1. 电动汽车电池包支架拓扑优化设计。电池包支架是保证动力电池安全可靠的关键结构，需在各种工况下为电池系统提供可靠的支撑和保护。针对某A级纯电动轿车电池包支架，以结构柔度最小化为优化目标，以电池包布置、热管理、防护等级等为约束条件，建立支架拓扑优化模型。采用变密度法对支架各向异性材料属性进行插值，获得了电池包支架的变密度拓扑结构。经拓扑优化，支架最大变形降低25%，质量减轻20%，电池包支撑刚度显著提升。在此基础上，进一步开展多目标优化，实现了电池包支架轻量化与电池散热、电池防护等性能的协同优化设计，有力支撑了整车电池系统的轻量化与高性能化。

2. 重型商用车车架拓扑优化设计。重卡车架是典型的板材焊接薄壁结构，因其尺寸大、荷载复杂，车架重量在整车自重中占比高达30%，对车辆的动力性、经济性、排放性能影响显著。针对某矿用自卸车车架，以车架刚度最大化、车架质量最小化为优化目标，以强度、刚度、焊接变形等为约束条件，建立重卡车架拓扑优化模型。针对车架结构的特点，采用变密度法和渐进结构优化法相结合的策略，获得了重卡车架的拓扑优化设计方案。拓扑优化使车架受力更加合理，应力分布更加均匀，整体刚度提高15%，重量降低12%。拓扑优化设计方案经工程化、数值仿真等深化设计，最终应用于整车装配生产，实现了重卡轻量化的重大突破。

3. 高速列车转向架构架拓扑优化设计。高速列车转向架构架是保证列车平稳、安全运行的关键承载结构，其动力学性能直接影响轮轨关系和车内振动水平。针对某时速350 km标准动车组转向架构架，以构架刚度最大化为优化目标，以强度、轮重减载率、制造工艺等为约束条件，建立构架拓扑优化模型。采用变密度法和最优准则法相结合，获得了构架的变厚度拓扑优化设计方案。优化后构架质量减轻10%，整体刚度提高20%。在此基础上，进一步开展铸钢工艺优化与振动疲劳试验研究，获得了高可靠性、高性价比的转向架构架轻量化成型工艺，推动了高速动车组转向架的国产化进程。

（三）拓扑优化方法在传动系统结构设计中的应用

传动系统是交通装备的核心部件，其结构设计的轻量化、高效化水平直接影响装备的动力性、经济性、可靠性。拓扑优化方法为传动系统结构的优化设计提供了新思路，可在满足强度、刚度、模态等性能要求的同时，实现关键传动部件的减重增效。

1. 船用减速器箱体拓扑优化设计。船用减速器需在恶劣海况下可靠工作，减速器箱体强度刚度直接影响传动效率和使用寿命。针对某型号船用减速器，以最小化箱体变形、最大化基频为优化目标，以铸造工艺、振动噪声等为约束条件，建立箱体拓扑优化模型。运用最小柔度法和密度惩罚因子，对铸钢箱体进行拓扑优化，得到了具有树状拓扑结构的减速箱布局。拓扑优化使箱体整体刚度提高30%，最大变形量减小25%，固有基频提高20%，有力改善了减速器箱体的动力学性能。在优化拓扑基础上，进一步开展尺寸优化与铸造工艺设计，最终获得了高传动效率、低振动噪声、长寿命的船用减速器轻量化设计方案，提高了动力系统的可靠性。

2. 风力发电增速器轮毂拓扑优化设计。风电增速器轮毂是将叶片气动载荷传递至齿轮箱的关键部件,须具备高强度、高刚度和抗疲劳特性。针对某兆瓦级双馈风机,以轮毂应变能最小化为优化目标,以叶片气动载荷谱、工作温度、防腐蚀等为约束条件,建立轮毂拓扑优化模型。采用非线性扩展有限元法,建立轮毂静强度与疲劳强度的多约束拓扑优化模型,获得了具有非均匀网格状拓扑结构的轮毂优化布局。拓扑优化将轮毂的最大米塞斯应力降低15,轮毂质量减轻10%,有效改善了轮毂的疲劳寿命。结合复合材料铺层优化设计,进一步提高了轮毂的轻量化水平和疲劳可靠性,为大型海上风电机组的设计提供了新思路。

3. 工程车辆双行星架拓扑优化设计。双行星架是工程车辆动力传动系统的核心部件,需在复杂工况下可靠传递扭矩和转速。针对某矿用自卸车双行星架,以传动误差最小化为优化目标,以扭转刚度、表面硬度、齿面疲劳等为约束条件,建立双行星架拓扑优化模型。基于变密度法和灵敏度过滤技术,获得了桥架和行星架的最优拓扑布局形式。拓扑优化使双行星架的扭转刚度提高20%,传动误差降低15%,齿面接触应力降低10%。进一步开展多目标参数优化,在行星架轻量化的同时,实现了传动精度与齿面强度的平衡,为工程车辆传动系统的高可靠性设计提供了新途径。

总之,拓扑优化技术是实现交通机械装备结构轻量化设计的有效工具,可在飞机机翼、起落架,车辆车身、底盘,风电、船舶传动系统等诸多领域大显身手。但拓扑优化结果的工程实现仍面临诸多挑战,如复杂拓扑结构的高效成型工艺、工程化设计参数映射方法、拓扑优化设计的可制造性约束建模等,尚需从基础理论、数值算法、工程应用等方面持续攻关。未来,拓扑优化与增材制造、新材料、人工智能等领域深度融合,高性能计算、云设计等新型设计工具的应用,将进一步推动拓扑优化在交通装备轻量化设计中的广泛应用,引领交通装备的绿色化、高性能发展。

第三节 交通机械装备动力系统设计与集成

一、交通机械装备用发动机技术发展现状

发动机是交通机械装备的核心动力来源,其性能水平直接影响装备的动力性、经济性和排放性能。面对日益严峻的能源短缺和环保压力,交通机械装备用发动机技术不断创新,向高效率、低排放、高可靠的方向发展,成为各国争相研发的焦点领域。

(一)重型商用车用柴油机技术进展

重型商用车是国民经济的动脉,其动力性能严重依赖柴油机的技术水平。近年来,重型柴油机排放法规日益严苛,机油、柴油质量逐步提升,为柴油机技术的创新发展提供了新契机。

1. 高压共轨电控喷射技术。高压共轨系统采用高压油泵、高压管、喷油器等部件,可灵活控制喷油压力和喷油时机,实现柴油机全工况范围内的精确控制。博世公司研发的第四代高

压共轨系统,在 2 500 bar 喷射压力下可实现 9 次喷射,喷油量最小可达 1 mm^3,有效改善燃烧过程,降低排放和噪声。康明斯公司自主研发的高压共轨系统已广泛应用于重卡、工程机械等装备,最大喷射压力达 2 700 bar,油耗降低 5%,排放满足国六标准。国内中国重汽、上柴股份等企业自主研发的高压共轨系统也达到国际先进水平,为重型柴油机的升级换代提供了有力支撑。

2. 可变气门正时技术。可变气门正时(VVT)技术通过连续可变凸轮轴相位,实现进排气门配气相位和升程的实时调节,从而优化发动机充气过程,降低泵气损失,提高燃油经济性。奔驰公司的 OM471 重卡发动机采用凸轮轴相位可变技术,在不同转速、负荷下灵活调节配气相位,有效改善了低速大扭矩特性,并降低了 NO_x 排放。中国重汽研发的 X 系列柴油机应用双凸轮轴 VVT 技术,在保证动力性能的同时,油耗降低 3%以上。随着 VVT 核心部件电磁阀、电子控制器国产化进程加快,VVT 技术在国内重卡、工程机械领域的推广应用将进一步深化。

3. 增压中冷技术。增压中冷是提高柴油机功率密度、改善经济性的有效手段。随着增压器、中冷器效率的不断提升,柴油机的进气密度和充量系数显著提高,带来了功率提升和油耗降低的双重效益。博格华纳开发的 R2S 涡轮增压器采用两级串联结构,压力比高达 5.5,配合高效空空中冷器,可将柴油机功率提高 20%以上。霍尼韦尔开发的 VNT 可变截面涡轮增压技术通过悬臂导流环实时调节进气流,显著提高了低速高负荷性能,减少了涡轮迟滞现象,实现了增压器的广域高效匹配。在国内,玉柴、锡柴等企业自主开发的高效率增压中冷系统,热效率均达到 45%以上,处于国际领先水平。

4. 后处理系统技术。后处理系统是柴油机达标排放的关键技术途径,主要包括柴油氧化催化器(DOC)、柴油颗粒捕集器(DPF)、选择性催化还原器(SCR)等部件。随着排放法规由国五升级到国六,对后处理系统的效率和可靠性提出了更高要求。康明斯公司自主研发的 DOC 采用高性能铂铑催化剂,在 480 ℃以上可将 CO 和 HC 转化率提高到 90%以上。玉柴股份研发的国六 DPF 采用高精度堵塞式壁流滤料,捕集效率达到 99%以上,并采用高温再生技术,显著延长了使用寿命。潍柴动力的 AS SCR(空心尿素喷射器)结合了 DOC 和 DPF,在 550℃以上将 NO_x 转化率提高 90%,满足国六排放要求。国内后处理核心部件与整体集成技术的突破,为重型柴油机油耗性能和排放升级奠定了基础。

(二)乘用车用汽油机技术进展

乘用车用汽油机是国内消费的主力产品,其动力性、经济性直接关系消费者的驾乘体验和养车成本。近年来,在油耗法规和排放升级的驱动下,乘用车汽油机技术创新步伐加快,产品升级迭代速度明显加快。

1. 小排量涡轮增压技术。小排量涡轮增压发动机凭借其低油耗、高功率的优势,已成为乘用车的主流技术路线。大众公司的 1.4 TSI 发动机采用双顺序涡轮增压,最大功率提升 35%,油耗降低 20%以上。通用公司的 1.3 T 涡轮增压直喷发动机热效率达 38%,百公里油耗降至 5 L 以下。吉利汽车 1.5 TD 发动机采用小流量涡轮增压与高效中冷技术,最大功率达

130 kW,处于国内自主品牌领先水平。随着小排量涡轮增压技术的成熟,1.0 T 及以下排量的发动机有望成为未来主流,将进一步推动乘用车的节能减排进程。

2. 缸内直喷技术。缸内直喷(GDI)技术通过高压喷射将燃油直接喷入气缸,可获得精确的混合气配比和均匀的燃烧,从而提高热效率、降低排放。丰田公司的 D-4S 双喷射系统集成了缸内直喷和进气道喷射,在不同工况下智能切换,热效率超 40%。现代汽车的 GDI 发动机采用 200 bar 高压喷射和分层可控燃烧技术,百公里油耗降低 15%。在自主品牌中,长城汽车的 1.5 TGDI 发动机喷射压力达 350 bar,热效率接近 38%,达到国际先进水平。随着国内汽油机尺寸精度、表面质量等制造工艺的提升,缸内直喷技术在国内自主品牌乘用车的推广速度将进一步加快。

3. 阿特金森/米勒循环技术。阿特金森/米勒循环通过进排气门重叠角的合理匹配,延长膨胀行程、缩短进气行程,从而获得更高的热效率。马自达公司的 SKYACTIV-G 发动机采用高几何压缩比(14)和米勒循环相结合,热效率达到 40%,成为全球首款量产的高效汽油机。丰田公司的动力引擎采用长行程、大缸径和阿特金森循环,热效率高达 41%,处于汽油机的理论极限。吉利汽车的 1.5 TD+发动机集成了米勒循环与涡轮增压,在大幅减少油耗的同时,扭矩提升 20%以上。随着国内乘用车市场竞争加剧,阿特金森/米勒循环等先进热效率技术,必将成为未来的主攻方向。

4. 48 V 轻混系统。48 V 轻混系统通过集成 BSG(皮带启动发电机)或 ISG(集成启动发电机),实现发动机启停、制动能量回收、电助力等功能,从而显著减少油耗。奥迪公司在 2017 年推出 48 V 轻混系统,通过双离合变速器与 48 V SG 的高效匹配,百公里油耗降低 0.7 L。通用公司的全新凯迪拉克 CT6 搭载 48 V 轻混系统,在高速巡航工况可实现发动机闭缸,油耗降低 15%。上汽集团自主研发的 1.5 TGDI+48 V 混动系统,结合行车工况实时调节 BSG 扭矩输出,油耗降低 20%,已批量搭载荣威 RX5 eMAX 车型。随着 48 V 核心部件的自主化和成本下降,48 V 轻混技术将成为国内乘用车的标配,引领汽油机电动化变革。

(三)非道路移动机械用内燃机技术进展

工程机械、农业机械等非道路移动机械因其恶劣的使用工况和频繁的动态负荷,对动力系统的低速大扭矩特性和耐久性提出了特殊要求。面对国四排放法规的升级,非道路用内燃机迎来了新一轮技术变革。

1. 高压共轨+废气再循环(EGR)技术。高压共轨系统可显著提高燃油雾化质量和燃烧效率,而 EGR 技术可降低燃烧温度,抑制 NO_x 生成。两者结合可在降低 NO_x 排放的同时,保证发动机的低速大扭矩特性。卡特彼勒公司在新一代高压共轨系统中集成了高达 40%的 EGR 率,使颗粒物和 NO_x 排放分别降低 80%和 45%,满足国四排放标准。三一重工自主研发的 16 L 发动机采用 2 500 bar 高压共轨和两级可变截面涡轮增压技术,最大输出功率 537 kW,扭矩 3 193 N·m,热效率达到 45%,创国内非道路机械动力新纪录。国内玉柴、全柴、常柴等企业自主研发的非道路国四发动机也全面应用高压共轨+EGR 技术,兼顾了低排放与高性能。

2. SCR(选择性催化还原)技术。SCR 技术是在发动机后处理系统中喷射尿素溶液,在催化剂的作用下将 NO_x 还原成 N_2 和 H_2O,从而降低 NO_x 排放。SCR 技术可在不牺牲发动机动力性和燃油经济性的前提下,实现超低排放。康明斯公司的 X12 和 X15 发动机首次将 SCR 技术应用于非道路领域,NO_x 排放降低 90%以上,达到国四排放水平。潍柴动力 WP13 国四发动机采用 DOC+DPF+SCR 组合后处理,在 3 000 r/min 额定转速下实现 560 kW 的超大扭矩输出,并将 NO_x 排放降至 3. 5 g/kWh 以下。随着非道路国四排放法规的全面实施,SCR 技术将成为行业主流选择,但尿素溶液加注、供给等市场环境仍有待进一步完善。

3. 电控单体泵喷射技术。电控单体泵喷射系统集成了高压泵和电控喷油器,通过精确控制喷油压力、喷油次数和喷油相位,在降低排放的同时,实现了喷射系统的轻量化、紧凑化。博世公司研发的 PF 单泵注射器系统可实现 2 000 bar 高压多次喷射,在建筑机械、农业机械等领域得到广泛应用。江苏江动自主研发的 JD 系列电控单体泵发动机,热效率达到 42%,百公里油耗降低 8%,已批量应用于轮式拖拉机。随着国内电控单体泵核心部件的国产化,其在中小功率非道路动力领域的应用将进一步扩大。

4. 废气余热回收技术。非道路机械排气温度高、排气能量大,而废气余热回收系统可将其转化为电能或机械能,从而提高热效率。潍柴动力研发的涡轮复合材料废气余热发电系统,将高温废气引入涡轮做功,驱动发电机给蓄电池充电,提高了 10%的燃油经济性。康明斯公司的有机朗肯循环系统利用废气余热驱动涡轮,经过蒸汽—有机工质—蒸汽转换,最终驱动曲轴做功,热效率提高 5%~8%。随着国内能量回收元器件、高效换热器等产业化进程加快,废气余热回收技术将在国内非道路装备中得到推广应用,有利于进一步提升内燃机热效率。

纵观交通机械装备用内燃机技术进展,高效、节能、环保始终是主攻方向。在传统燃烧改进、废气后处理等方面,关键技术已基本完成从“追随”到“并跑”的跨越,在局部领域实现了“领跑”。但在燃料多样化、高效热功转换等前沿领域,国内内燃机技术创新仍有待加强。

二、电气化动力系统在交通机械装备中的应用

电气化是交通机械装备动力系统发展的必然趋势,是应对能源短缺和环境污染、实现装备节能高效运行的重要途径。电气化动力系统通过用电机替代内燃机,以电池、超级电容替代油箱,实现了装备的清洁、高效驱动,大幅降低了碳排放和 $PM_{2.5}$ 污染,同时显著提升了装备的动力性、经济性和智能化水平。

(一)混合动力系统在交通机械装备中的应用

混合动力系统集成了内燃机、电机、电池等动力元件,根据功率耦合方式可分为串联式、并联式和混联式。根据电池功率大小,又可分为微混系统(48 V)、混合动力系统和插电式混合动力系统。

1. 客车领域。客车频繁启停、工况复杂,是混合动力技术的理想应用领域。美国纽约市和洛杉矶市的混合动力公交车采用 BAE 系统的串联式混合动力系统,通过柴油发电机持续

给电池充电,由电机驱动车轮,实现了油耗降低 30%~40%。中通客车自主研发的混合动力客车,匹配宇通自主开发的混合动力控制器,实现了发动机最优工况控制,油耗降低 35%以上。随着我国新能源客车市场需求持续旺盛,插电式混合动力有望成为主流技术路线,油耗和排放将进一步降低。

2. 重卡领域。重卡装载质量大、运行工况恶劣,混合动力系统在降低油耗的同时,需保证良好的动力性和经济性。沃尔沃集团研发的 FH16 混合动力重卡,采用并联式混合动力系统,由 380 kW 内燃机和 80 kW 电机耦合驱动,实现了油耗降低 10%~15%。中国重汽自主研发的曼技术混合动力重卡,由 CA6DM3 发动机和 ISG 电机并联驱动,综合工况油耗降低 20%,爬坡能力提升 15%,已成功应用于山区公路中。随着重卡双积分政策出台,48 V 微混系统有望在重卡上快速推广,实现 10%左右的节油率。

3. 工程机械领域。工程机械作业工况频繁启停、负载波动大,燃油成本占总成本的 30%左右,是节能减排的重点领域。卡特彼勒开发出 336 E 混合动力挖掘机,采用并联式混合动力系统,由电机辅助驱动回转平台和动臂,实现了油耗降低 25%。徐工集团自主研发的 XE210 HB 混合动力挖掘机,采用串联式混合动力系统,由发电机给超级电容充电,再由双电机分别驱动回转平台和液压泵,在节油 40%的同时,作业效率提升 15%,已实现批量生产。未来,全电驱混合动力、智能能量管理等将成为工程机械混合动力的发展方向。

(二)纯电动力系统在交通机械装备中的应用

纯电动力系统采用电池作为唯一动力源,由电机直接驱动装备运行,从源头上实现零排放,代表着交通装备电气化的终极形态。随着电池、电机、电控等核心技术的进步,纯电动力系统已在多个交通装备领域崭露头角。

1. 乘用车领域。乘用车电动化是大势所趋,特斯拉 Model 3、比亚迪秦 Pro EV 等畅销车型引领了纯电动汽车的技术潮流。宁德时代自主研发的第三代 811 镍钴锰酸锂电池,能量密度达到 300 Wh/kg,使乘用车续航里程突破 600 km。蔚来汽车 ET review 概念车搭载双永磁同步电机,电池容量达到 220 kWh,百公里加速仅需 4. 5 s,综合续航里程高达 1 000 km,展示了纯电动力系统的强大实力。随着电池比能量突破 350 Wh/kg,800 V 高压快充体系建成,乘用车将全面迈入电动化时代。

2. 商用车领域。商用车因其固定路线、集中充电等优势,是纯电动技术的理想应用场景。宇通集团自主研发的 E12 纯电动公交车,采用磷酸铁锂电池,能量密度达到 140 Wh/kg,电机最大功率达到 350 kW,续驶里程高达 380 km,已在全国 200 多个城市推广应用。东风集团自主研发的 EV350 纯电动物流车,搭载时代上汽最新开发的磷酸铁锂电池包,能量密度达到 180 Wh/kg,百公里电耗低至 50 kWh,货厢容积高达 42 m^3,引领了纯电动商用车的发展方向。在双积分政策的推动下,商用车将加速向纯电动过渡。

3. 非道路移动机械领域。港口、矿山、机场等特殊作业场景排放和噪声问题日益突出,纯电动化成为大势所趋。三一重工自主研发的 SY16C 电动挖掘机,额定功率 36 kW,配备 86 kWh 磷酸铁锂电池,作业时间达 8 h,排放降至零,噪声降低 10 dB 以上。中联重科 ZE85 G

电动装载机最大扭矩 3 600 N·m,标准铲斗容量 5 m^3,作业效率媲美传统燃油装载机,而能耗降低 50%以上。振华港机研发的电动轮胎式集装箱门式起重机,采用超级电容+锂电池,充电 30 min 即可连续作业 4 h,再生制动能量利用率高达 50%,实现了港口作业的清洁高效。随着高功率密度、长寿命、快充电等电驱动核心技术取得突破,纯电动将成为港口、矿山等应用场景的主流。

(三)燃料电池动力系统在交通机械装备中的应用

燃料电池利用氢气和空气中的氧气发生电化学反应,直接产生电能,具有能量转换效率高、加注速度快、续航里程长、低温启动性能好等优势,被誉为未来交通装备的“终极动力”。但受制于成本、寿命、加氢站等因素,其商业化进程远不及纯电动车。

1. 乘用车领域。丰田 Mirai 和现代 NEXO 等燃料电池乘用车已实现小批量生产,综合续航里程超过 650 km。通用汽车 Hydrotec 动力系统采用 200 kW 燃料电池发动机,峰值效率为 65%,功率密度为 1.6 kW/L,已成功应用于雪佛兰 Colorado H2 皮卡。氢速动力自主研发的燃料电池乘用车,搭载 70 MPa 高压储氢瓶和 40 kW 燃料电池发动机,续航里程达 500 km,氢气加注仅需 3 min。随着质子交换膜、双极板等核心部件的国产化,以及加氢站等基础设施建设,燃料电池乘用车有望迎来规模化应用。

2. 商用车领域。商用车装载质量大、行驶里程长,对动力系统的功率密度和能量密度要求高,而燃料电池恰好能满足这一需求。丰田 Sora 燃料电池客车采用双层设计,搭载两套 114 kW 燃料电池,续航里程高达 200 km,仅需 10 min 即可加满氢气。美国 Nikola 公司研发的氢燃料电池重卡,最大功率达到 746 kW,载重量 36 t,综合续航里程高达 1 900 km,充氢时间 15~20 min,计划 2021 年投入商业化运营。国内宇通、上汽等公司也相继推出燃料电池客车,在北京、上海等城市开展示范运营,展现了燃料电池在城市公交等固定线路的应用潜力。

3. 轨道交通领域。轨道交通因其运量大、速度快、定时化强等特点,对动力系统的功率、可靠性提出了极高要求。德国 Alstom 公司研制的 Cordia Lint 氢燃料电池动车组,最高时速 140 km/h,续航里程 600~800 km,加氢时间仅需 15 min。长春客车自主研制的铰接式燃料电池有轨电车,采用 4×150 kW 燃料电池模组,最高时速 70 km/h,爬坡能力超过 12%,已在佛山南海有轨电车示范线成功运营。中车唐山公司研制的全球首列氢燃料电池矿用机车,最大牵引力高达 500 kN,在世界上首次实现矿用机车的氢动力驱动。未来随着燃料电池成本的下降,以及高性能储氢材料的应用,氢燃料电池将成为轨道车辆的理想动力选择。

(四)交通机械装备电气化动力系统的挑战与展望

尽管电气化动力系统已在多个交通装备领域崭露头角,但其大规模商业化应用仍面临诸多技术瓶颈。电池能量密度、一致性与安全性,电机功率密度与可靠性,燃料电池成本与寿命等,仍是制约电气化动力系统性能提升的关键因素。混合动力、纯电动、燃料电池等多种技术路线并存,尚未形成统一的标准规范,导致产业链分散,规模效应难以发挥。同时,配套基础设施如充电站、加氢站建设滞后,也制约了电气化装备的推广普及。

未来,电气化动力系统在交通装备中的渗透率将不断提升。一方面,电池材料、电机绕组、燃料电池膜电极等核心技术有望取得重大突破，电池单体能量密度将突破 500 Wh/kg，电机功率密度突破 5 kW/kg，燃料电池系统功率密度超过 2 kW/L。新型高效热管理、高集成化控制系统的应用，也将显著提升电气化动力系统的性能水平。另一方面，随着锂电池梯次利用、燃料电池膜电极回收等关键环节产业化，电气化动力系统的全寿命周期经济性将显著提升。与智能网联、自动驾驶、5 G 通信等技术的深度融合，也将极大拓展电气化动力系统的应用空间。同时，新能源汽车积分管理、燃料消耗量积分等顶层政策设计，必将加速电气化动力系统在交通装备领域的推广普及。可以预见，未来 10～20 年，电气化将成为交通装备动力系统变革的主旋律，为交通运输行业的绿色低碳发展注入强劲动力。

三、混合动力技术在交通机械装备中的研究进展

混合动力技术作为内燃机与电动机有机结合的电驱动形式，通过两种动力的优化匹配实现节能减排，已成为交通机械装备动力系统发展的重要方向。根据驱动电机与发动机的耦合方式，混合动力系统可分为串联式、并联式和混联式三种基本形式。其中，串联式通过发电机将发动机机械能转化为电能，再由电机驱动车轮；并联式中发动机和电机可同时或单独驱动车轮；混联式则集成了串联和并联两种模式的优点，通过行星齿轮等实现动力耦合。目前，混合动力技术已应用于乘用车、客车、卡车、工程机械等多个交通装备领域，并呈现出多元化发展态势。

（一）轻型混合动力技术

48 V 轻混系统凭借其低成本、易集成、燃油经济性显著等优势，已成为乘用车动力电气化的切入点和过渡方案。博世、大陆、德尔福等国际一线汽车零部件巨头纷纷推出 48 V 轻混解决方案。博世研发的 48 V RS 助力发电机，电机最大功率可达 20 kW，与发动机集成后可实现助加速、废气能量回收、高效发电等功能，百公里油耗降低 10%～15%。大陆集团推出的 48 V 2 轻混系统，通过将扭矩提升电机置于发动机和变速箱之间，可显著改善加速性能和燃油经济性，实车百公里油耗降幅超过 20%。

在中国，自主品牌车企积极布局 48 V 轻混，开展关键总成及整车开发。上汽乘用车自主研发的 4WD 轻混系统，匹配博世第三代 48 V SG，峰值功率 25 kW，可实现纯电动滑行和低速短距离纯电动行驶，百公里油耗降低 20%以上。吉利汽车 CMA 架构匹配的 48 V SG，峰值功率达 16 kW，综合工况百公里节油率超过 15%，已在 PHEV、HEV 等多个平台批量搭载。未来，48 V 电机功率密度进一步提升，与发动机、变速器集成化程度不断加深，轻混将成为燃料节能技术的主流。

（二）插电式混合动力技术

插电式混合动力系统由大容量可外接充电电池提供电能，由电机独立或辅助发动机驱动，实现较长里程的纯电动行驶，其电动化程度显著高于常规混合动力车。日产公司开发的 e-POWER 混合动力技术，发动机不直接驱动车轮，而是持续工作于最佳效率区为电池充电，由电机独立驱动，实现了接近纯电动的行驶体验。广汽传祺研发的双模混联式插电混动系统

EDU,由两台电机分别与发动机、行星排耦合,实现了纯电驱动、单电机+发动机直驱、双电机+发动机直驱等 7 种工作模式,百公里综合油耗降至 2 L。

随着可充电锂离子电池能量密度的提升,插电式混动车的纯电续航里程不断提高。沃尔沃公司推出的 S60 T8 插电混动版,WLTP 工况下纯电续航里程达 78 km,综合百公里油耗仅为 1.8 L。比亚迪秦 Pro DM 超能版,搭载龙脉双模混联混动专属电驱系统,纯电续航里程高达 100 km,百公里油耗低至 1.1 L。未来,插电混动车有望成为家用第一车的理想选择,在充电便利区域实现近似纯电动,而长途驾驶又兼具内燃机的续航优势。

(三)燃料电池增程式混合动力技术

燃料电池具有能量转换效率高、加注快速便捷等优点,但受限于储氢瓶技术和加氢站建设,其单独作为动力来源时,续驶里程尚难满足长途行驶需求。将燃料电池作为增程器为动力电池充电,由电机驱动,可显著降低系统成本,提高燃料电池耐久性,是目前燃料电池乘用车的主要技术路线。丰田 MIRAI 氢燃料电池轿车采用高压储氢和燃料电池增程技术,续航里程超过 650 km,氢气充注仅需 3~5 min,加速性能可媲美同级别燃油车。现代 NEXO 氢燃料 SUV 搭载第二代燃料电池系统,功率密度达 3.1 kW/L,使用寿命提高到 16 万千米,极大地改善了产品经济性。

我国燃料电池客车多采用增程式混合动力系统,由商用车企业与燃料电池系统供应商联合开发。宇通氢燃料电池城市客车,最大功率 200 kW,续驶里程 500 km,氢气充注时间 10~15 min。上汽大通 FCV80 氢燃料电池轻客,采用上汽捷氢自主研发的燃料电池系统,额定功率 30 kW,峰值功率 60 kW,0~50 km/h 加速仅需 6 s。随着质子交换膜、碳纸等核心部件自主化进程加快,以及加氢站等基础设施的完善,燃料电池增程式混合动力将在商用车领域率先实现规模化应用。

(四)机械混合动力技术

机械混合动力通过液力变矩器、液压泵马达等部件实现内燃机和车轮的功率分流与耦合,避免了电池、电机等部件,适用于大型重载车辆。卡特彼勒公司研发的 336 E 混合动力挖掘机,采用机-液混联驱动,当回转和动臂需求功率较小时,多余的发动机功率驱动泵对蓄能器充液,当负载较重时,蓄能器放液带动马达,辅助发动机输出,实现了显著的节油效果。三一重工研发的国内首台 SY485 H 大型混合动力挖掘机,通过高压蓄能器回收和再利用势能,较传统液压挖掘机节油 30%以上。

在非道路车辆领域,机械混合动力多与电气化技术相结合,研发机电液混联驱动系统。例如约翰迪尔公司研制的 644K 轮式装载机,采用柴-电-液混联动力系统,由柴油机带动发电机为蓄电池充电,再由电-液混合驱动回转和工作装置,实现了高达 40%的油耗降幅。国内徐工、龙工等工程机械企业,也纷纷推出机电液混合动力装载机,实现了 30%以上的节能减排。未来,随着自由活塞式发动机、数字液压等新技术的突破,机械混合动力将实现更高的功率密度和传动效率,在农业机械、港口机械等领域大有可为。

(五)混合动力技术发展展望

面向“双碳”目标,节能与新能源汽车将是未来交通装备的主攻方向,内燃机技术难有颠覆性突破,电气化、智能化将成为不可逆转的发展趋势。短期内,以 48 V 系统,HEV(Hybrid Electric Vehicle)为代表的浅度电气化将成为主流,在节能减排的同时改善驾驶体验。中长期,以 PHEV(Plug-in Hybrid Electric Vehicle)插电混动氢燃料电池(FCEV)为代表的深度电气化将加速渗透,在不同场景实现低排油量、零排放出行。从动力系统架构看,串联式有利于实现动力系统集成化、小型化,更适合紧凑型乘用车;并联式有利于降低系统成本,发挥发动机高效性,更适合重型商用车;混联式有利于实现多能量流最优控制,发挥不同动力源优势,将成为高端乘用车的重要选择。

动力电池与燃料电池作为电驱动的核心,其安全性、耐久性、经济性是混合动力汽车产业化的关键。电池材料、电堆结构等前沿技术持续突破,使电池单体比能量有望达到 300 Wh/kg,燃料电池系统功率密度突破 3 kW/L,将大幅提升混合动力系统的性价比。与此同时,大数据、云计算、人工智能等技术与混合动力系统深度融合,多源能量智能管理、整车控制策略在线优化,将进一步挖掘混动车的节能潜力。智能网联、自动驾驶、V2X 等新技术叠加应用,将重构人-车-路-云的能量生态,实现交通系统的可再生能源高效利用。

混合动力技术代表了交通装备动力系统电动化发展的重要方向。在多种技术方案并存的背景下,坚持电驱动发展方向,突破动力电池、驱动电机等核心零部件,完善基础设施建设与运营模式,健全标准法规与产业政策,必将推动混合动力交通装备加速走向成熟,助力交通运输低碳转型和高质量发展。

第三章 交通机械装备常用检测技术与方法

第一节 交通机械装备无损检测技术

一、射线检测技术在交通机械装备中的应用

射线检测技术是交通机械装备无损检测领域中广泛应用的一种方法。射线具有较强的穿透能力，能够透视被检工件内部结构，从而对工件的缺陷、裂纹、夹杂等进行检测和分析。在交通机械装备制造和维修过程中，射线检测技术扮演着重要角色，为保证装备的质量和安全性提供了有力保障。

射线检测技术的基本原理是利用射线穿透被检工件时衰减的差异来实现的。当射线穿过工件时，由于工件内部存在缺陷、裂纹等不连续性，射线在通过上述区域时会产生衰减现象。通过检测射线透过工件后的强度变化，并与标准射线强度进行对比，就可以判断工件内部是否存在缺陷以及缺陷的位置和大小。射线检测技术通常采用 X 射线或 γ 射线作为射线源，利用射线胶片或数字化成像设备记录射线透过工件后的图像，再通过图像分析和处理得到最终的检测结果。

在交通机械装备中，射线检测技术主要应用于以下几个方面。

(1)铸造件的质量检测。交通机械装备中使用的许多关键零部件，如发动机缸体、变速箱壳体等，都是通过铸造工艺制造而成。射线检测技术可以对铸造件内部的缩松、裂纹、夹杂等缺陷进行检测，确保铸造件的质量符合要求。通过射线检测，可以及时发现铸造过程中出现的问题，同时采取有效的改进和优化措施。

(2)焊接接头的无损检测。交通机械装备中的许多结构件都是通过焊接连接而成的，焊接接头的质量直接影响装备的性能和安全性。射线检测技术可以对焊接接头进行无损检测，发现焊缝内部可能存在的裂纹、未焊透、夹渣等缺陷。通过射线检测，可以准确评估焊接质量，同时也可修复或重新焊接不合格品，确保焊接接头的可靠性。

(3)复合材料构件的检测。随着新材料技术的发展，交通机械装备中越来越多地采用复合材料制造关键构件，如飞机机翼、高速列车车体等。射线检测技术可以对复合材料构件内部的分层、脱粘、孔洞等缺陷进行检测，确保复合材料构件的整体性和性能满足要求。通过射线检测，可以及时发现复合材料制造过程中出现的质量问题，并采取合理的改进和优化措施。

(4)装配质量的检查。交通机械装备的装配过程涉及大量的零部件和结构件，装配质量

直接影响着整个装备的性能和可靠性。射线检测技术可以对装配后的关键部位进行检查,如发动机装配、传动系统装配等,以确保装配质量符合要求。通过射线检测,可以发现装配过程中出现的位置偏差、间隙不均匀等问题,同时,可及时调整和修正,保证装配质量的稳定性和一致性。

射线检测技术在交通机械装备中的应用具有明显优势。首先,射线检测是一种非接触式的无损检测方法,不会对被检工件造成任何损伤或影响,适用于各种材料和结构形式的工件。其次,射线检测技术具有较高的检测灵敏度和分辨率,能够发现工件内部细小的缺陷和异常情况,为质量控制提供了可靠的依据。此外,射线检测设备操作简单、检测效率高,可以实现工件的快速检测和评估,满足交通机械装备制造和维修的时效性要求。

然而,射线检测技术在应用过程中也存在局限和不足。射线属于电离辐射,对人体健康有一定的危害,需要采取严格的防护措施,确保操作人员的安全。此外,射线检测对工件的几何形状和尺寸有一定要求,对于形状复杂、厚度较大的工件,射线穿透能力可能受到限制,影响检测结果的准确性。针对上述问题,需要不断改进和优化射线检测技术,开发新型射线源和检测设备,提高检测精度和效率。

交通机械装备是国民经济和社会发展的重要基础,其质量和安全性关系到人民群众的生命财产安全。射线检测技术作为交通机械装备无损检测领域的重要手段,在保障装备质量、提高装备可靠性方面发挥着不可替代的作用。未来,随着交通机械装备的不断发展和技术进步,射线检测技术也将迎来新的发展机遇和挑战。通过加强射线检测技术的研究和创新,不断提升检测水平和能力,我们可以为交通机械装备的高质量发展提供坚实的技术支撑,为建设交通强国贡献力量。

二、超声检测技术在交通机械装备中的应用

超声检测技术是交通机械装备无损检测领域中另一种被广泛应用的方法。与射线检测技术不同,超声检测利用高频声波来检测工件内部的缺陷和异常情况。超声波在工件中传播时,遇到缺陷或界面时会发生反射、衍射等现象,通过分析反射回波的特征,可以判断工件内部是否存在缺陷以及缺陷的位置和大小。超声检测技术具有操作简单、灵敏度高、适用范围广等优点,在交通机械装备制造和维修中发挥着重要作用。

超声检测技术的基本原理是利用超声波在工件中传播时的反射和衍射特性来实现的。当超声波遇到工件内部的缺陷、裂纹、夹杂等不连续性时,部分超声波会被反射回来,形成反射回波。通过分析反射回波的幅度、时间和频率等特征,可以判断缺陷的位置、大小和性质。超声检测通常采用压电换能器作为超声波的发射和接收装置,利用脉冲反射法或透射法对工件进行检测。脉冲反射法是利用同一个换能器发射和接收超声波,而透射法则使用两个换能器,一个发射超声波,另一个接收透射波。通过选择合适的检测方法和参数,可以有效检测不同材料和结构的工件。

在交通机械装备中,超声检测技术主要应用于以下几个方面。

1. 焊接接头的质量检测。交通机械装备中的许多关键结构件均通过焊接连接而成,焊接接头的质量直接影响装备的性能。超声检测技术可以对焊接接头进行无损检测,发现焊缝内部可能存在的裂纹、未焊透、夹渣等缺陷。通过超声检测,可以准确评估焊接质量,并对不合格的焊缝进行修复或重新焊接,确保焊接接头的可靠性。超声检测技术可以应用于各种类型的焊接接头,如对接焊缝、角接焊缝、搭接焊缝等,适用于不同材料和厚度的焊接结构。

2. 铸锻件的质量检测。交通机械装备中使用的许多关键零部件,如发动机曲轴、连杆等,都是通过铸造或锻造工艺制造而成的。超声检测技术可以对铸锻件内部的缩松、裂纹、夹杂等缺陷进行检测,确保铸锻件的质量符合要求。通过超声检测,可以及时发现铸锻过程中出现的问题,同时采取科学的改进和优化措施。超声检测技术对铸锻件的检测具有较高的灵敏度和分辨率,能够发现表面下较深处的缺陷,为铸锻件的质量控制提供可靠的依据。

3. 复合材料构件的检测。随着新材料技术的发展,交通机械装备中越来越多地采用复合材料制造关键构件,如飞机机翼、高速列车车体等。超声检测技术可以对复合材料构件内部的分层、脱粘、孔洞等缺陷进行检测,确保复合材料构件的整体性和性能满足要求。相较于射线检测,超声检测对复合材料构件的检测具有更高的灵敏度和分辨率,能够发现材料内部微小的缺陷和异常情况。通过超声检测,可以及时发现复合材料制造过程中出现的质量问题,并采取有效的改进和完善措施。

4. 装配质量的检查。交通机械装备的装配过程涉及大量的零部件和结构件,装配质量直接影响着整个装备的性能和可靠性。超声检测技术可以对装配后的关键部位进行检查,如轴承装配、齿轮啮合等,以确保装配质量符合要求。通过超声检测,可以发现装配过程中出现的间隙不均匀、接触不良等问题,并及时进行调整和修正,保证装配质量的稳定性和一致性。超声检测技术对装配质量的检查具有较高的灵敏度和分辨率,能够发现装配面之间微小的缺陷和异常情况,为装配质量控制提供可靠的依据。

超声检测技术在交通机械装备中的应用具有明显优势。超声检测是一种非接触式的无损检测方法,不会对被检工件造成任何损伤或影响,适用于各种材料和结构形式的工件。超声检测技术具有较高的检测灵敏度和分辨率,能够发现工件内部细小的缺陷和异常情况,为质量控制提供了可靠的依据。超声检测设备操作简单、检测效率高,可以实现工件的快速检测和评估,满足交通机械装备制造和维修的时效性要求。此外,超声检测技术还具有较强的适应性,可以根据工件的材料、形状和尺寸选择合适的检测方法和参数,实现对不同类型工件的有效检测。

然而,超声检测技术在应用过程中也存在明显的局限。超声波在工件中的传播受到材料声阻抗、晶粒尺寸等因素的影响,对于某些材料和结构,超声检测的适用性可能受到限制。此外,超声检测对工件表面状况有一定要求,表面粗糙、不平整或存在涂层等情况可能影响超声波的耦合和传播,降低检测结果的准确性。针对上述问题,需要不断优化超声检测技术,开发新型超声换能器和检测设备,提高检测精度和适用性。

交通机械装备的质量和安全性关系到人民群众的生命财产安全,超声检测技术作为交通机械装备无损检测领域的重要手段,在保障装备质量、提高装备可靠性方面发挥着不可替代的作用。未来,随着交通机械装备的不断发展和技术进步,超声检测技术也将迎来新的发展机遇和挑战。通过加强超声检测技术的研究和创新,不断提升检测水平和能力,我们可以为交通机械装备的高质量发展提供坚实的技术支撑,为建设交通强国贡献力量。

三、磁粉检测技术在交通机械装备中的应用

磁粉检测技术是交通机械装备无损检测领域中另一种被广泛应用的方法。磁粉检测利用铁磁性材料的磁性特征,通过在工件表面喷洒或涂敷磁粉,在外加磁场的作用下,磁粉会聚集在工件表面或近表面的缺陷处,形成可见的磁痕指示,从而实现对缺陷的检测和定位。磁粉检测技术操作简单、灵敏度高、适用范围广,在交通机械装备制造和维修过程中发挥着重要作用。

磁粉检测技术的基本原理是基于磁力线在铁磁性材料中的分布特性。当铁磁性材料存在缺陷时,缺陷处的磁导率与周围材料不同,导致磁力线在缺陷处发生畸变和泄漏。通过在工件表面喷洒或涂敷磁粉,在外加磁场的作用下,磁粉会沿着磁力线的方向排列,并在缺陷处形成磁粉聚集,呈现出与缺陷形状相似的磁痕指示。通过观察磁痕指示的形状、大小和分布特征,可以判断缺陷的类型、位置和严重程度。磁粉检测通常采用干式或湿式两种方法,干式磁粉检测使用干粉,适用于表面粗糙或油污较多的工件,而湿式磁粉检测使用悬浮在液体中的磁粉,对工件表面状况要求较高,但检测灵敏度更高。

磁粉检测技术在交通机械装备中的应用主要集中在以下几个方面。

(1)铸锻件的表面缺陷检测。交通机械装备中使用的许多关键零部件,如发动机曲轴、连杆、齿轮等,都是通过铸造或锻造工艺制造而成的。这些零部件在制造过程中可能出现表面裂纹、夹杂、折叠等缺陷,严重影响零部件的强度和使用寿命。磁粉检测技术可以对铸锻件表面的缺陷予以快速、准确的检测,及时发现和评估缺陷的严重程度,为后续的修复或报废提供依据。磁粉检测对铸锻件表面缺陷的检测灵敏度高,能够发现肉眼难以观察到的细小缺陷,为铸锻件的质量控制提供可靠保障。

(2)焊接接头的表面缺陷检测。交通机械装备中的许多关键结构件都是通过焊接连接而成的,焊接接头的质量直接影响着整个装备的性能和安全性。焊接过程中可能出现表面裂纹、未焊透、夹渣等缺陷,严重影响焊接接头的强度和疲劳性能。磁粉检测技术可以对焊接接头表面的缺陷进行快速、准确的检测,发现焊缝表面可能存在的裂纹、气孔等缺陷。通过磁粉检测,可以及时评估焊接质量,并修复或重新焊接不合格的焊缝,确保焊接接头的可靠性。磁粉检测技术可以应用于各种类型的焊接接头,如对接焊缝、角接焊缝、搭接焊缝等,适用于不同材料和厚度的焊接结构。

(3)金属构件的疲劳裂纹检测。交通机械装备在长期服役过程中,关键金属构件会受到交变载荷的作用,产生疲劳损伤,并逐渐形成疲劳裂纹。疲劳裂纹的扩展和扩展过程不易被发现,一旦达到临界尺寸,可能导致构件的突然断裂,引发严重的安全事故。磁粉检测技术可

以对金属构件表面和近表面的疲劳裂纹进行有效检测,及时发现和评估裂纹的位置、长度和深度,为构件的维修和更换提供依据。磁粉检测对疲劳裂纹的检测灵敏度高,能够发现肉眼难以观察到的细小裂纹,为金属构件的安全性评估提供重要的参考。

(4)表面磨损和腐蚀的检测。交通机械装备在使用过程中,关键零部件的表面会发生磨损和腐蚀,导致零部件的性能下降,甚至引发安全隐患。磁粉检测技术可以对零部件表面的磨损和腐蚀进行快速、准确的检测,通过观察磁粉在磨损区域和腐蚀区域的聚集特征,评估磨损和腐蚀的严重程度,为零部件的维修和更换提供依据。磁粉检测技术对表面磨损和腐蚀的检测灵敏度高,能够发现早期的磨损和腐蚀,为零部件的状态监测和预防性维护提供重要的参考。

磁粉检测技术在交通机械装备中的应用具有明显优势。磁粉检测是一种简单、快速、经济的无损检测方法,检测设备便携性好,适用于现场检测和在役检测。磁粉检测技术对工件表面和近表面缺陷的检测灵敏度高,能够发现细小的裂纹、折叠等缺陷,为质量控制提供了可靠的依据。磁粉检测技术对工件的形状和尺寸适应性强,可以检测各种复杂形状的工件,满足交通机械装备零部件的检测需求。此外,磁粉检测技术还具有直观性强的特点,检测结果易于判读和记录,便于检测人员快速、准确地评估缺陷的严重程度。

然而,磁粉检测技术在应用过程中也存在明显的局限。磁粉检测只适用于铁磁性材料,对非铁磁性材料无法进行有效检测。磁粉检测主要针对工件表面和近表面的缺陷,对于内部缺陷的检测能力有限。磁粉检测受到工件表面状况的影响,表面粗糙、油污等因素可能干扰磁粉的聚集,影响检测结果的准确性。针对上述问题,需要合理选择检测方法和磁粉类型,对工件表面进行适当的预处理,提高检测的可靠性和有效性。

交通机械装备的质量和安全性关系到人民群众的生命财产安全,磁粉检测技术作为交通机械装备无损检测领域的重要手段,在保障装备质量、提高装备可靠性方面发挥着不可替代的作用。未来,随着交通机械装备的不断发展和技术进步,磁粉检测技术也将迎来新的发展机遇和挑战。通过加强磁粉检测技术的研究和创新,开发新型磁粉材料和检测设备,不断提升检测水平和能力,进而为交通机械装备的高质量发展提供坚实的技术支持,为建设交通强国贡献力量。

第二节 交通机械装备化学成分检测技术

一、光谱分析技术在交通机械装备材料检测中的应用

光谱分析技术是交通机械装备材料检测领域中一种重要的化学成分分析方法。光谱分析利用物质与电磁辐射相互作用的特性,通过分析物质发射、吸收或散射光谱的特征,确定物质的元素组成和含量。在交通机械装备制造过程中,材料的化学成分直接影响着装备的性能、质量和可靠性,光谱分析技术为材料成分的快速、准确检测提供了有力手段,在保障装备

质量、提高装备性能方面发挥着不可替代的作用。

光谱分析技术的基本原理是基于原子和分子的能级结构。当原子或分子受到外界能量的激发时,会从较低能级跃迁到较高能级,当它们从高能级返回到低能级时,会释放出特定波长的光子,形成发射光谱。不同元素的原子具有不同的能级结构,因此发射光谱具有元素特异性。通过分析发射光谱的谱线位置和强度,可以确定物质中元素的种类和含量。同样,当光线照射到物质表面时,物质会选择性地吸收特定波长的光,形成吸收光谱。吸收光谱同样具有元素特异性,通过分析吸收光谱的谱带位置和强度,也可以确定物质的元素组成。光谱分析技术根据光谱的获取方式和分析方法,可以分为原子发射光谱、原子吸收光谱、X 射线荧光光谱等多种类型,适用于不同材料和元素的检测需求。

光谱分析技术在交通机械装备材料检测中的应用主要体现在以下几个方面。

1. 金属材料牌号的鉴定。交通机械装备制造中使用的金属材料品种繁多,不同牌号的材料在化学成分上存在差异,直接影响材料的力学性能、加工性能和使用性能。光谱分析技术可以快速、准确地确定金属材料的化学成分,鉴定材料的牌号,确保材料的选用和采购符合设计要求。通过光谱分析,可以有效避免材料混用、错用等问题,保障装备制造的质量和可靠性。

2. 材料化学成分的定量分析。交通机械装备的关键零部件对材料的化学成分有严格的要求,某些元素含量的微小变化都可能显著影响零部件的性能和寿命。光谱分析技术可以对材料中的各种元素进行定量分析,准确测定元素的质量分数或原子分数,评估材料的化学成分是否满足标准要求。通过光谱分析,可以及时发现材料成分的偏差和异常,为材料的质量控制和工艺优化提供依据,确保零部件的性能和可靠性。

3. 材料晶粒度和夹杂物的评估。金属材料的晶粒度和夹杂物含量是影响材料性能的重要因素。晶粒度过大或过小都可能降低材料的强度和韧性,而夹杂物的存在会导致材料的缺陷和断裂。光谱分析技术可以间接评估材料的晶粒度和夹杂物含量,通过分析特定元素的谱线宽度和强度变化,推断材料的微观组织特征。例如,通过分析铁谱线的宽度,可以估计钢材的晶粒度;通过分析钙、镁等元素的谱线强度,可以估计钢材中非金属夹杂物的含量。光谱分析为材料组织性能的评估提供了一种快速、无损的方法,为材料的工艺优化和质量控制提供重要参考。

4. 材料表面化学状态的分析。交通机械装备在制造和使用过程中,材料表面会发生氧化、腐蚀、污染等化学反应,导致表面化学状态发生变化,影响材料的性能和寿命。光谱分析技术可以对材料表面的化学状态进行分析,通过测定表面元素的化学价态、结合能等参数,评估表面化学反应的类型和程度。例如,X 射线光电子能谱(XPS)可以分析材料表面的元素组成和化学价态,二次离子质谱(SIMS)可以分析表面的元素分布和深度剖面。光谱分析为材料表面性能的评估和改性提供了重要的依据,为材料的防护和表面处理提供指导。

光谱分析技术在交通机械装备材料检测中的应用具有明显优势。光谱分析是一种快速、灵敏、准确的分析方法,样品制备简单,检测速度快,可以实现材料成分的在线分析和实时监测。光谱分析技术的检测限低,灵敏度高,能够检测材料中微量元素和痕量元素,满足材料成分分析的高精度要求。光谱分析技术的分析范围广,可以检测金属材料、无机非金属材料、有机材料等各种类型的材料,适用于交通机械装备制造中的各种材料检测需求。此外,光谱分析技术还具有无损检测的特点,不会对材料造成破坏或损伤,可以对制造过程中的材料和零部件进行在线检测,实现质量控制的实时反馈和闭环控制。

然而,光谱分析技术在应用过程中也存在明显的局限。光谱分析受到基体效应和谱线干扰的影响,对于成分复杂的材料体系,需要进行基体校正和谱线干扰校正,提高分析的准确性。光谱分析对样品的均匀性和再现性有一定要求,样品的不均匀性会导致分析结果偏差。光谱分析的定量分析需要标准样品或工作曲线的建立,对于某些特殊材料体系,缺乏合适的标准样品,影响定量分析的可靠性。针对这些问题,需要不断完善光谱分析技术,优化样品制备和测试方法,建立材料体系的标准样品库,提高光谱分析的适用性和可靠性。

交通机械装备的材料质量直接关系到装备的性能、安全和寿命,光谱分析技术作为材料化学成分检测的重要手段,在保障材料质量、优化材料性能方面发挥着关键作用。未来,随着交通机械装备的不断发展和材料技术的进步,光谱分析技术也将迎来新的发展机遇和挑战。通过加强光谱分析技术的研究和创新,开发新型光谱仪器和分析方法,不断提升材料检测的水平和能力,可以为交通机械装备的高质量发展提供坚实的技术支撑,为建设交通强国贡献力量。

二、化学分析方法在交通机械装备材料检测中的运用

化学分析方法是交通机械装备材料检测领域中另一类重要的成分分析技术。与光谱分析技术不同,化学分析主要通过化学反应、分离、测量等手段,定性或定量地确定材料中的元素组成和含量。化学分析方法种类繁多,包括滴定分析、重量分析、电化学分析、色谱分析等,可以根据材料的特性和检测需求选择合适的分析方法。在交通机械装备制造过程中,化学分析方法为材料成分的精确测定提供了有力保障,在控制材料质量、优化材料性能方面发挥着不可替代的作用。

化学分析方法的基本原理是利用化学反应的特异性和选择性,通过与待测物质发生特定的化学反应,生成具有明显特征的产物或信号,从而实现对待测成分的定性或定量分析。例如,滴定分析利用滴定剂与待测物质之间的化学反应,通过测量反应的终点,计算待测物质的含量;重量分析利用沉淀反应,通过称量沉淀的质量,计算待测元素的含量;电化学分析利用电极反应,通过测量电流、电位等电化学参数,确定待测物质的浓度;色谱分析利用物质在色谱柱中的分配和分离,通过测量色谱峰的位置和面积,鉴别和测定混合物中的不同组分。化学分析方法的关键在于选择合适的化学反应体系和测量手段,使待测成分能够选择性地参与反应或被分离检测,从而提高分析的特异性和灵敏度。

化学分析方法在交通机械装备材料检测中的运用体现在以下几个方面。

1. 合金元素含量的精确测定。交通机械装备制造中广泛使用各类合金材料,如钢铁材

料、铝合金、钛合金等。合金元素的种类和含量直接影响合金材料的力学性能、加工性能和使用性能。化学分析方法可以精确测定合金材料中各种元素的质量分数或原子分数，评估合金成分是否符合标准要求。例如，电感耦合等离子体原子发射光谱（ICP-AES）可以同时测定多种元素的含量，精度高、灵敏度好，适用于复杂基体的合金材料分析；电位滴定法可以准确测定合金钢中碳、硫等元素的含量，滴定终点明显，操作简便，广泛应用于冶金行业的材料检测。通过化学分析方法的精确测定，可以有效控制合金材料的成分质量，确保材料性能满足设计和使用要求。

2. 材料中有害元素的含量控制。交通机械装备的安全性和可靠性要求高，材料中的有害元素含量必须严格控制在规定范围内。例如，钢铁材料中的磷、硫等元素会降低材料的塑性和韧性，铝合金中的铁、硅等杂质元素会影响材料的强度和导电性。化学分析方法可以准确测定材料中有害元素的含量，为材料的质量控制提供依据。常用的分析方法包括原子吸收分光光度法、电感耦合等离子体质谱法（ICP-MS）等，这些方法灵敏度高、选择性好，能够测定材料中微量和痕量级别的有害元素含量。通过化学分析方法的含量控制，可以有效防止有害元素超标，确保材料的性能和安全性满足要求。

3. 表面处理层成分和厚度的表征。交通机械装备的许多零部件都需要进行表面处理，如电镀、氧化、渗碳等，以改善表面的耐磨性、耐腐蚀性和装饰性。表面处理层的成分和厚度直接影响表面性能和使用寿命。化学分析方法可以对表面处理层进行成分分析和厚度测量，评估表面处理质量是否合格。例如，电子探针显微分析（EPMA）可以对表面处理层进行微区成分分析，能够给出元素的面分布和剖面分布；库仑法可以通过电解溶出的方式，测量镀层的厚度，操作简单、精度高。通过化学分析方法的表征，可以优化表面处理工艺，改善表面性能，延长零部件的使用寿命。

4. 材料失效原因的分析与诊断。交通机械装备在使用过程中，材料和零部件可能发生各种失效，如断裂、磨损、腐蚀等。查明失效原因对于改进材料选用和工艺设计具有重要意义。化学分析方法可以用于材料失效的分析与诊断，通过对失效部位的成分分析、组织观察等，推断失效机理和原因。例如，扫描电子显微镜能谱分析（SEM-EDS）可以分析断口的微观形貌和元素分布，确定断裂方式和起源；X 射线衍射分析（XRD）可以测定失效产物的物相组成，判断腐蚀类型和机理。通过化学分析方法的失效分析，可以总结材料失效规律，优化材料选用和工艺参数，提高装备的可靠性和使用寿命。

化学分析方法在交通机械装备材料检测中的运用具有明显优势。化学分析方法测量准确、精密度高，可以实现材料成分的定量分析，满足材料质量控制的需求。化学分析方法的适用范围广，可以分析金属材料、无机非金属材料、有机材料等各种类型的材料，适应交通机械装备的多样化材料体系。化学分析方法的选择性好，可以分析特定元素或化合物，避免复杂基体的干扰，提高分析的特异性。此外，化学分析方法还具有操作简便、经济成本低等特点，许多分析方法已经标准化，可以广泛应用于工业生产中。

然而，化学分析方法在运用过程中也存在一些局限性。化学分析通常需要对样品进行预处理,如溶解、消解等,样品处理过程可能引入污染或损失,影响分析结果的准确性。化学分析的分析速度相对较慢,不如光谱分析方法快速,不太适合大批量样品的现场检测和在线分析。化学分析的操作对分析人员的技术能力要求较高,需要熟练掌握各种化学分析方法和仪器设备,对分析人员的培养和管理提出更高要求。针对上述问题,需要不断完善化学分析方法,优化样品预处理技术,开发自动化和智能化的分析仪器,提高化学分析的效率和可靠性。

交通机械装备的材料质量是装备制造和使用的基础,化学分析方法作为材料成分检测的重要手段,在保障材料质量、优化材料性能方面发挥着关键作用。未来,随着交通机械装备的不断发展和材料技术的进步,化学分析方法也将迎来新的发展机遇和挑战。通过加强化学分析方法的研究和创新,开发新型分析技术和智能化装备,不断提升材料检测的水平和能力,我们可以为交通机械装备的高质量发展提供坚实的技术支撑,为建设交通强国贡献力量。

第三节 交通机械装备力学性能检测技术

一、交通机械装备静载试验方法及应用

静载试验是交通机械装备力学性能检测中最基本、最常用的试验方法之一。静载试验通过对试件施加静态载荷,测量试件的变形、应变、位移等力学响应参数,评估材料或结构的强度、刚度、稳定性等力学性能指标。静载试验可以模拟装备在实际使用过程中受到的静态工况,如自重、装载、压力等,通过试验结果的分析和评价,验证装备设计的可靠性和安全性,指导装备的优化设计和改进制造。

静载试验的基本原理是基于材料力学和结构力学的理论基础。根据材料的本构关系和结构的受力特点,通过施加静态载荷,测量试件的力学响应,建立载荷与响应之间的数量关系,从而评估材料或结构的力学性能。常用的静载试验方法包括拉伸试验、压缩试验、弯曲试验、剪切试验、硬度试验等,针对不同的材料和结构形式,选择合适的试验方法和加载方式,获取试验数据,进行分析和评价。静载试验通常采用万能试验机、硬度计等专用试验设备,配备高精度的力传感器、位移传感器和应变测量系统,实现试验过程的精确控制和数据采集。

静载试验在交通机械装备力学性能检测中的应用主要体现在以下几个方面。

1. 材料性能的测试与评价。交通机械装备制造中使用的材料种类繁多,包括金属材料、高分子材料、复合材料等。材料的力学性能直接决定装备的强度、刚度和可靠性。静载试验可以全面测试材料的各项力学性能指标,如屈服强度、抗拉强度、弹性模量、延伸率等,评估材料的质量和适用性。例如,金属材料的拉伸试验可以测定材料的强度和塑性,为材料的选用和工艺优化提供依据;高分子材料的压缩试验可以评估材料的抗压性能和蠕变特性,为零部件的设计和使用提供参考。通过静载试验的测试与评价,可以优选适合装备性能要求的材料,确保装备的安全可靠。

2. 零部件结构的强度验证。交通机械装备由大量的零部件组成,零部件的结构强度直接

影响装备的整机性能和使用寿命。静载试验可以对关键零部件进行结构强度验证,通过对零部件施加模拟使用工况的静态载荷,测量零部件的变形和应力分布,评估结构设计的合理性和可靠性。例如,车架作为汽车的重要承载结构,需要进行静态弯曲试验和扭转试验,考核车架的弯曲强度和扭转刚度是否满足设计要求;齿轮作为动力传动的关键零部件,需要进行接触疲劳试验和齿根弯曲疲劳试验,验证齿轮的承载能力和使用寿命。通过静载试验的强度验证,可以发现零部件设计和制造中的薄弱环节,指导结构的优化设计和工艺改进。

3. 整机的静力学性能测试。交通机械装备的整机性能是各分系统和零部件性能的综合体现。静载试验可以对整机进行静力学性能测试,综合评估装备的承载能力、刚度特性和稳定性。例如,桥梁检测车需要进行整机的载荷试验,测试在不同工况下的变形和应力分布,评估检测车的安全性和适用性;盾构机在出厂前需要进行模拟施工条件下的受力试验,考核盾构机的推进能力和掘进稳定性,验证设计参数的可行性。通过整机的静力学性能测试,可以全面评估装备的性能水平和质量状况,为装备的改进设计和质量控制提供数据支持。

4. 装备可靠性与寿命的评估。交通机械装备在长期使用中,受到载荷、环境、老化等因素的影响,其可靠性和使用寿命是评估装备质量的重要指标。静载试验可以用于装备可靠性与寿命的评估,通过对装备或关键零部件施加模拟使用工况的静载谱,测试装备的力学性能衰减规律和失效模式,预测装备的可靠性水平和剩余寿命。例如,对车辆的悬架系统进行加速寿命试验,通过施加模拟路谱的静载荷,测试悬架系统的疲劳损伤累积过程,评估悬架的可靠性和使用寿命;对风电机组的叶片进行极限载荷试验,考核叶片在极端风况下的承载能力和破坏模式,评估风电机组的可靠性和安全性。通过静载试验的可靠性与寿命评估,可以掌握装备在使用过程中的性能衰减规律,制定合理的维修维护策略,延长装备的使用寿命。

静载试验在交通机械装备力学性能检测中的应用具有明显优势。静载试验操作简单、测试精度高,能够准确测量材料和结构的力学响应,满足装备性能评估的需求。静载试验的适用范围广,可以测试各种类型的材料和结构,针对不同的试验目的,选择合适的加载方式和测量手段。静载试验的数据可靠性高,试验结果具有良好的重复性和再现性,为装备设计和优化提供可信的数据支撑。此外,静载试验还具有经济成本低、试验周期短等特点,已在工业领域得到广泛应用,积累了丰富的试验经验和数据资源。

然而,静载试验在应用过程中也存在明显的局限。静载试验主要模拟静态工况,对于交通机械装备在实际使用过程中受到的动态载荷和随机载荷,静载试验的模拟效果有限,需要与动载试验等其他试验方法相结合,全面评估装备的动力学性能。静载试验通常采用标准试样和典型工况,与实际装备的几何形状和受力状态存在差异,试验结果有其局限性和适用条件。此外,大型复杂装备的静载试验需要专用的试验台架和加载装置,试验成本较高,试验周期较长,对试验条件和技术能力要求较高。对此,需要不断创新静载试验技术,开发高效、智能的试验装备,建立装备实际工况与试验工况的关联模型,提高静载试验的精度和可靠性。

交通机械装备的力学性能是确保装备安全、可靠、高效运行的基础,静载试验作为装备力学性能检测的重要手段,在装备设计、制造、使用全生命周期中发挥着关键作用。未来,随着交通机械装备的不断发展和现代试验技术的进步,静载试验方法也将迎来新的发展机遇和挑战。通过加强静载试验技术的研究和创新,构建装备全生命周期的数字化试验平台,实现试验过程的智能化和数据化,我们可以为交通机械装备的高质量发展提供坚实的技术支撑,为建设交通强国贡献力量。

二、交通机械装备动载试验技术与实践

动载试验是交通机械装备力学性能检测中一种重要的试验技术,它通过对试件施加动态载荷,模拟装备在实际使用过程中受到的动力学工况,如振动、冲击、疲劳等,测量试件的动态响应特性,评估装备的动力学性能和结构完整性。与静载试验相比,动载试验更加接近装备的实际受力状态,能够全面考核装备在复杂工况下的适应性和可靠性。动载试验技术广泛应用于交通机械装备的设计验证、疲劳寿命评估、故障诊断等方面,是装备研发和质量控制中不可或缺的试验手段。

动载试验的基本原理是基于动力学和振动力学的理论基础。根据装备的结构特点和工作环境,通过施加符合实际工况特征的动态载荷,激励装备产生动态响应,测量装备的振动位移、加速度、应变等动态参数,分析装备的固有频率、振型、阻尼特性等动力学特性,评估装备的动态性能和结构完整性。常用的动载试验方法包括正弦振动试验、随机振动试验、冲击试验、疲劳试验等,针对不同的试验目的和工况特征,选择合适的激励方式和控制策略,获取试验数据,进行分析和评价。动载试验通常采用电液伺服加载系统、振动试验台等专用试验设备,配备高精度的力传感器、加速度传感器和应变测量系统,实现试验过程的精确控制和数据采集。

动载试验在交通机械装备力学性能检测中的实践主要体现在以下几个方面。

1. 结构动力学性能的测试与评价。交通机械装备在运行过程中受到各种动态载荷的作用,如道路不平度激励、风载荷、震动等,装备的结构动力学性能直接影响其运行品质和安全性。动载试验可以测试装备的固有频率、振型、频响函数等结构动力学特性,评估装备的振动特性和动态响应水平。例如,汽车在试制阶段需要进行多轴向汽车道路模拟试验,在四柱试验台上施加了模拟实际路面频谱的动态激励,测试整车的振动响应和乘坐舒适性,优化悬架系统的参数匹配;高速列车在运行过程中受到轨道不平顺的激励,需要进行转向架振动试验和车体振动试验,测试转向架和车体的振动特性,评估轮轨动力相互作用和运行平稳性。通过动载试验的测试与评价,可以验证装备的结构动力学设计,优化装备的动力学性能,提高装备的运行品质和安全性。

2. 疲劳寿命与可靠性的评估。交通机械装备在长期服役过程中,关键结构件承受交变载荷的作用,发生疲劳损伤,逐渐积累疲劳裂纹,最终导致疲劳失效。疲劳失效是装备失效的主要形式之一,直接影响装备的可靠性和使用寿命。动载试验可以通过施加模拟实际载荷谱的循环载荷,评估关键结构件的疲劳寿命和可靠性。例如,风力发电机组的叶片在风载荷作用下承受交变应力,需要进行叶片疲劳试验,施加模拟风载荷谱的循环载荷,测试叶片的疲劳寿

命,评估叶片的可靠性;桥梁检测车的吊臂在长期使用过程中承受交变载荷,需要组织吊臂疲劳试验,测试吊臂的疲劳强度和寿命,评估吊臂的安全性。通过动载试验的疲劳寿命与可靠性评估,可以掌握关键结构件的疲劳失效规律,预测装备的疲劳寿命,制定合理的维修维护策略,提高装备的可靠性和使用寿命。

3. 故障诊断与健康监测。交通机械装备由于长期服役和环境影响,不可避免地会发生各种故障和性能退化,如零部件磨损、疲劳开裂、松动等。及时发现和诊断装备的故障,实现装备的健康监测和预测性维护,是提高装备可用性和降低维护成本的重要手段。动载试验可以应用于装备的故障诊断与健康监测,通过施加模拟故障工况的动态载荷,测试装备的振动响应特性,建立装备的故障振动信号特征库,实现故障的早期诊断和预警。例如,齿轮箱是风力发电机组的关键传动部件,齿轮和轴承的故障会严重影响风电机组的可用性,需要开展齿轮箱动载试验,施加模拟不同故障类型的动态载荷,测试齿轮箱的振动加速度信号,提取故障特征参数,建立齿轮箱的故障诊断模型;盾构机在掘进过程中,刀盘、轴承等关键部件会发生磨损和故障,需要进行盾构机动载试验,测试关键部件的振动信号,实现盾构机的在线健康监测和故障诊断。通过动载试验的故障诊断与健康监测,可以实现装备故障的早期预警和诊断,优化装备的维修维护策略,提高装备的可用性和运行效率。

4. 装备运行工况的模拟与再现。交通机械装备在实际使用过程中,受到各种复杂工况的影响,如道路谱、风载荷谱、海浪谱等。装备能否适应这些复杂工况,直接决定了装备的适用性和可靠性。动载试验可以通过施加模拟实际运行工况的动态载荷,再现装备在实际使用过程中的受力状态,评估装备的工况适应性。例如,高速列车在运行过程中受到各种类型轨道不平顺的激励,需要进行车辆动力学仿真试验,在转向架试验台上施加模拟实测轨道不平顺的激励,测试车辆的振动响应和运动稳定性,评估车辆的平稳性和乘坐舒适性;挖掘机在作业过程中受多种复杂地形和载荷工况的影响,需要进行挖掘机动态载荷试验,在多通道加载试验系统上施加模拟实际作业工况的动态载荷,测试挖掘机的动态响应和结构应力,评估挖掘机的作业性能和可靠性。通过动载试验的运行工况模拟与再现,可以全面检验装备在实际工况下的性能和可靠性,验证装备设计的有效性,优化装备的适用工况和使用条件。

动载试验在交通机械装备力学性能检测中的应用具有明显优势。动载试验能够模拟装备在实际使用过程中的动态载荷工况,获得装备在动态条件下的真实力学响应,全面评估装备的动力学性能和结构完整性。动载试验的测试数据更加全面和可靠,能够反映装备在复杂工况下的实际受力状态,为装备设计提供更加准确的验证依据。动载试验可以应用于装备全生命周期的全过程,从设计验证到生产验收,从故障诊断到健康监测,为装备的研制和使用提供全方位的技术支持。此外,动载试验还可以与仿真技术相结合,通过试验与仿真的交互验证和优化,提高装备设计的效率和可靠性。

然而,动载试验在实践应用中也存在一定的局限性和挑战。动载试验对试验设备和测试系统的要求较高,需要大型的多通道加载设备和高精度的数据采集系统,试验成本较高。动载试验的载荷谱和试验工况的选取需要大量的实测数据和统计分析,试验方案的制定和优化需要丰富的专业知识和经验积累。此外,大型复杂装备的动载试验需要搭建专用的试验平台,试验条件的模拟和控制存在较大难度,对试验技术和管理能力提出了更高的要求。针对上述挑战,需要加强动载试验技术的基础研究和应用创新,建立装备运行工况的大数据平台,发展智能化的试验控制和数据分析技术,提高动载试验的效率和精度。

交通机械装备的力学性能是保障装备安全、可靠、高效运行的关键,动载试验作为评估装备动力学性能的重要手段,在装备设计、制造、使用全生命周期中发挥着不可替代的作用。未来,随着交通机械装备的不断发展和现代试验技术的进步,动载试验技术也将迎来新的发展机遇和挑战。通过加强动载试验技术的基础研究和工程应用,发展智能化、网络化的试验平台,建立装备全生命周期的动态测试与评价体系,我们可以为交通机械装备的创新设计和可靠运行提供坚实的技术支撑,为建设交通强国贡献力量。

三、疲劳试验技术在交通机械装备检测中的应用

疲劳试验技术是交通机械装备力学性能检测中的一种重要方法,用于评估装备关键结构件在交变载荷作用下的疲劳性能和使用寿命。交通机械装备在实际服役过程中,承受着复杂多变的载荷环境,如汽车行驶过程中受到路面不平引起的振动载荷,风力发电机组叶片在风载荷作用下产生交变应力,船舶和海洋工程装备在波浪载荷作用下经受循环应力等。这些交变载荷会导致关键结构件发生疲劳损伤,逐渐积累疲劳裂纹,最终引发疲劳断裂失效。疲劳失效是交通机械装备失效的主要形式之一,直接影响装备的可靠性和使用寿命。因此,开展疲劳试验研究,准确评估关键结构件的疲劳性能,预测装备的疲劳寿命,对于保障交通机械装备的安全运行和延长使用寿命具有重要意义。

疲劳试验的基本原理是基于材料的疲劳失效机理和结构的疲劳累积损伤理论。材料在交变应力作用下,由于微观组织的不均匀性和缺陷的存在,局部区域会产生应力集中,形成疲劳裂纹源。随着载荷的反复作用,疲劳裂纹逐渐扩展,最终导致疲劳断裂。疲劳试验通过对试件施加模拟实际载荷特征的交变载荷,测试试件在不同应力水平下的疲劳寿命,绘制疲劳S-N曲线,评估材料的疲劳强度和疲劳极限。对于结构件,疲劳试验通过测试关键部位的应力-应变响应,结合疲劳损伤累积模型,预测结构部件在实际载荷谱作用下的疲劳寿命。常用的疲劳试验方法包括轴向疲劳试验、弯曲疲劳试验、扭转疲劳试验等,针对不同的试件形式和载荷特点,选择适当的加载方式和试验参数,获取疲劳性能数据。

疲劳试验技术在交通机械装备检测中的应用主要体现在以下几个方面。

1. 材料疲劳性能的测试与评价。交通机械装备广泛采用金属材料、高分子材料、复合材料等多种材料,材料的疲劳性能直接影响装备的可靠性和使用寿命。疲劳试验可以测试不同材料在各种应力水平下的疲劳寿命,获得材料的S-N曲线和疲劳极限,评估材料的抗疲劳性能。例如,对于高强度钢、铝合金等金属材料,通过高周疲劳试验,测试材料在不同应力比下的疲劳寿命,评估材料的疲劳强度和疲劳裂纹扩展特性;对于橡胶、塑料等高分子材料,通过动态机械分析仪测试材料的疲劳温升和动态模量,评估材料的疲劳热稳定性和疲劳软化特

性；对于玻璃钢、碳纤维等复合材料，通过疲劳弯曲试验，测试材料的疲劳强度和疲劳失效模式，评估复合材料的抗疲劳性能。通过材料疲劳性能的测试与评价，可以筛选出满足装备使用要求的高性能材料，优化材料的选用和工艺设计，提高装备的可靠性和使用寿命。

2. 关键结构件疲劳寿命的预测与验证。交通机械装备的关键结构件在长期服役过程中承受交变载荷的作用，疲劳失效是导致结构件失效的主要原因之一。疲劳试验可以通过对关键结构件施加模拟实际载荷谱的交变载荷，测试结构件在不同应力水平下的疲劳寿命，预测结构件在实际使用条件下的疲劳寿命。例如，对于桥梁起重机的吊臂结构，通过疲劳试验测试吊臂在不同载荷工况下的应力-应变响应，结合雨流计数法提取载荷谱，应用疲劳损伤累积模型预测吊臂的疲劳寿命，并通过台架试验进行验证；对于高速列车的转向架构架，通过疲劳试验测试构架在不同载荷条件下的动应力响应，应用有限元分析方法计算疲劳危险点的应力集中系数，预测构架的疲劳裂纹萌生寿命和扩展寿命，并通过全尺寸疲劳试验进行验证。通过关键结构件疲劳寿命的预测与验证，可以评估结构设计的可靠性和安全裕度，优化结构的疲劳设计和制造工艺，保障装备长期安全运行。

3. 装备疲劳可靠性的评估与改进。交通机械装备由多个结构件和部件组成，各个结构件的疲劳性能和寿命差异较大，疲劳失效概率不同，导致装备的整体疲劳可靠性受到影响。疲劳试验可以通过对装备的整机或子系统进行疲劳试验，评估装备的疲劳可靠性水平，识别薄弱环节，提出改进措施。例如，对于风力发电机组，通过对风轮、传动系统、发电机等关键部件进行疲劳试验，获取部件的疲劳寿命分布，应用可靠性理论计算机组的疲劳可靠性指标，评估机组的整体疲劳性能；对于公路客车，通过对车身、底盘、悬架等部件进行疲劳试验，测试部件在 r 和 om 载荷谱下的疲劳寿命，应用失效物理模型分析疲劳失效机理，提出疲劳可靠性改进措施，如优化结构布局、增加防疲劳设计、改善制造工艺等。通过装备疲劳可靠性的评估与改进，可以提高装备的整体疲劳性能和使用寿命，降低装备的维护成本和故障率，保障装备的运行安全和经济性。

4. 疲劳试验技术与方法的创新。疲劳试验技术是一个不断发展的领域，随着交通机械装备的不断更新和服役环境的日益复杂，对疲劳试验技术提出了更高的要求。开展疲劳试验技术与方法的创新研究，对于提高疲劳试验的效率和精度，拓展疲劳试验的应用范围，具有重要意义。例如，发展多轴疲劳试验技术，通过多个加载作动器的协同控制，实现试件的多轴载荷加载，模拟装备在实际使用过程中的复杂应力状态；研究高温疲劳试验技术，通过高温环境模拟试验，评估高温条件下材料和结构件的疲劳性能，预测高温部件的使用寿命；开发疲劳试验的智能控制和数据分析方法，通过自适应控制算法优化载荷谱的加载，提高试验效率，通过机器学习算法分析疲劳试验数据，建立疲劳寿命预测模型，实现疲劳寿命的快速评估。通过疲劳试验技术与方法的创新，可以拓展疲劳试验的应用领域，提高疲劳试验的科学性和有效性，为交通机械装备的疲劳设计和寿命预测提供更加可靠的试验数据和技术支撑。

疲劳试验技术在交通机械装备检测中的应用具有重要意义。疲劳试验能够模拟装备在实际使用过程中的载荷环境，测试材料和结构件在交变载荷作用下的疲劳性能，预测装备的疲劳寿命和可靠性,为装备的设计优化和寿命预测提供重要依据。同时,疲劳试验数据可以验证疲劳设计和疲劳分析的准确性,校验疲劳寿命预测模型的适用性,为装备的疲劳强度评定和安全性评估提供试验支撑。此外,开展疲劳试验技术的创新研究,发展先进的试验方法和数据处理技术,对于提高疲劳试验的效率和精度,拓展疲劳试验的应用范围,具有重要的理论和实践意义。

然而,疲劳试验技术在应用过程中也面临着一些挑战和难题。疲劳试验周期长、成本高,对试验设备和人员的要求较高,试验方案的设计和优化需要大量的经验积累和专业知识。疲劳试验结果受到诸多因素的影响,如材料缺陷、制造工艺、应力状态等,试验数据的分散性较大,疲劳寿命预测的不确定性较高。此外,实际装备的载荷环境复杂多变,疲劳试验难以完全模拟实际工况,试验结果与实际使用寿命存在一定差异。对此,需要加强疲劳试验技术的基础理论研究,发展先进的试验设备和测试技术,建立完善的疲劳试验数据库和经验知识库,综合运用多学科知识和方法,提高疲劳试验的科学性和工程适用性。

交通机械装备的疲劳可靠性和使用寿命是保障装备安全运行和经济高效的关键,疲劳试验技术作为评估装备疲劳性能的重要手段,在装备的设计、制造、使用等全生命周期中发挥着不可或缺的作用。未来,随着交通机械装备的快速发展和现代科学技术的不断进步,疲劳试验技术也将迎来新的发展机遇和挑战。通过加强疲劳试验技术的深入研究和工程应用,探索疲劳试验与疲劳分析、结构优化、寿命预测等技术的融合创新,构建智能化的疲劳试验平台和全寿命周期管理体系,必将为提升交通机械装备的安全性、可靠性和经济性,推动交通装备制造业的转型升级和高质量发展做出重要贡献。

第四章 交通机械装备先进检测技术及应用

第一节 基于大数据与人工智能的检测技术

一、大数据技术在交通机械装备检测中的应用

大数据技术是近年来随着信息技术的快速发展而兴起的一种新兴技术，其在交通机械装备检测领域展现出广阔的应用前景。交通机械装备在设计、制造、运行和维护过程中产生海量的数据，包括设计参数、制造工艺、运行状态、故障维修等多个方面。传统的检测技术和数据分析方法难以有效处理如此庞大和复杂的数据，而大数据技术恰恰为交通机械装备检测提供了新的思路和手段。大数据技术通过对海量数据进行采集、存储、处理和分析，挖掘数据背后的价值和规律，实现对交通机械装备状态的全面感知和智能诊断，为装备的安全运行和维护决策提供数据支撑和科学依据。

大数据技术在交通机械装备检测中的应用主要体现在以下几个方面。

1. 装备状态监测与故障诊断。交通机械装备在运行过程中会产生大量的状态监测数据，如振动、温度、压力、应变等。传统的状态监测方法主要依靠单一传感器或少数测点的数据，难以全面反映装备的整体状态。大数据技术通过在装备的关键部位布置多种类型的传感器，实时采集高频、高维度的状态数据，形成装备运行的大数据集。基于大数据分析技术，如机器学习、深度学习等，可以从海量监测数据中提取有效特征，建立装备健康状态评估模型，实现对装备故障的早期预警和诊断。例如，对风力发电机组的振动数据进行大数据分析，通过对比历史数据和故障案例，识别出风机齿轮箱的早期微小故障，避免了事故的发生和扩大。

2. 装备剩余寿命预测。交通机械装备的剩余寿命预测是一项复杂的任务，需要综合考虑装备的设计参数、使用工况、环境因素等多种信息。传统的寿命预测方法主要依赖经验公式和有限的试验数据，预测精度和可靠性较低。大数据技术为装备剩余寿命预测提供了新的思路。通过收集装备全生命周期的海量数据，包括设计参数、制造工艺、运行工况、维修记录等，建立装备退化模型和寿命预测模型。利用机器学习算法，如支持向量机、随机森林等，训练优化模型参数，提高寿命预测的准确性。同时，大数据分析可以实现装备剩余寿命的动态更新和滚动预测，为装备的维护策略优化和备件管理提供依据。

3. 装备健康管理与维护决策。交通机械装备的维护保养是一项系统工程，涉及备件管理、维修计划、资源调度等诸多方面。传统的维护决策主要依靠人工经验和固定的维护周期，

往往存在过度维护或维护不足的问题，导致维护成本高和装备可靠性低。大数据技术可以通过对装备运行数据、维修数据、备件消耗数据等进行关联分析，揭示装备故障发生的规律和影响因素，建立装备健康状态评估体系。基于装备的健康状态，采用优化算法和仿真技术，制定个性化的预测性维护策略，合理安排维修任务和备件采购，提高维护效率和装备可用性。同时，大数据分析可以优化维修资源配置，减少备件库存，降低维护成本。

4. 全生命周期质量管理。交通机械装备的质量问题往往具有隐蔽性和延迟性，设计缺陷、制造偏差、使用不当等因素都可能导致质量问题的发生。传统的质量管理方法主要依靠抽样检验和统计控制，难以全面识别和预防质量风险。大数据技术为装备全生命周期质量管理提供了新的手段。通过收集装备从设计到报废全过程的结构化和非结构化数据，包括设计文档、制造参数、检验记录、用户反馈等，构建装备质量大数据平台。运用数据挖掘和统计分析方法，识别装备质量问题的关键因素和潜在风险，建立质量预警模型。同时，大数据分析可以追溯质量问题的根源，优化设计方案和制造工艺，提高装备的可靠性和稳定性。

大数据技术在交通机械装备检测中的应用需要解决数据采集、存储、处理、分析等一系列技术难题。数据采集方面，需要综合运用多种传感器和数据采集设备，实现装备状态数据的实时、准确采集。海量数据的存储和管理需要借助分布式存储系统和并行数据库技术，提高数据存储的可扩展性和访问效率。针对交通机械装备领域的特点，需要开发专用的数据处理算法和分析模型，提高数据分析的针对性和实效性。同时，还需要构建装备全生命周期的大数据管理平台，实现数据的集成共享和业务协同。

随着大数据技术的不断发展，其在交通机械装备检测领域的应用将不断深入和拓展。未来，大数据技术将与物联网、云计算、人工智能等新兴技术深度融合，构建装备全生命周期的智慧监测和健康管理体系。通过数据驱动的智能化检测和诊断，实现装备状态的实时感知、故障的精准预警、寿命的准确预测、维护的智能决策，全面提升交通机械装备的安全性、可靠性和经济性。同时，大数据技术的应用也将促进交通机械装备领域的业务模式和管理方式变革，推动形成基于数据的协同设计、精益制造、智能运维等新型生产服务模式，为交通机械装备行业的转型升级和可持续发展提供新的动力。

大数据技术在交通机械装备检测中的应用是一个复杂的系统工程，需要多学科、多领域的协同创新和持续探索。虽然目前大数据技术在交通机械装备领域的应用还处于起步阶段，但随着理论研究的深入和技术手段的进步，大数据技术必将在交通机械装备的设计、制造、运维等环节发挥日益重要的作用，成为推动交通机械装备技术进步和产业发展的重要引擎。面向未来，亟需加强大数据技术在交通机械装备领域的基础研究和关键技术攻关，建立健全大数据应用标准和规范，培养复合型大数据应用人才，营造大数据应用的产业生态环境，促进大数据技术与交通机械装备深度融合，为建设交通强国、实现交通机械装备技术的自主可控提供强大的科技支撑和智力保障。

二、机器学习方法在交通机械装备缺陷识别中的运用

机器学习是人工智能的重要分支,其通过对数据的学习和训练,构建数学模型,实现对未知数据的预测和决策。近年来,机器学习方法在交通机械装备缺陷识别领域得到了广泛的研究和应用。传统的缺陷检测方法主要依靠人工观察和经验判断,存在效率低、主观性强、易受环境干扰等问题。而机器学习方法可以通过对大量缺陷样本数据的学习,自动提取缺陷的多维特征,建立缺陷识别模型,实现对未知工件缺陷的快速、准确识别,大大提高了缺陷检测的智能化水平和自动化程度。

机器学习方法在交通机械装备缺陷识别中的运用主要包括以下几个方面。

1. 基于图像处理的缺陷识别。图像处理是机器视觉检测的重要手段之一。通过对工件表面的数字图像进行采集和处理,提取图像的纹理、颜色、形状等特征,构建缺陷识别模型。常用的图像特征提取方法有统计特征、纹理特征、形状特征等。在特征提取的基础上,采用支持向量机、决策树、随机森林等机器学习算法对提取的特征进行分类和识别,实现对裂纹、划痕、凹陷等常见缺陷的自动检测。例如,在铁路机车车轮的缺陷检测中,采用小波变换和灰度共生矩阵提取车轮图像的多尺度纹理特征,结合支持向量机算法构建车轮缺陷识别模型,对车轮表面的伤痕、剥离等缺陷进行自动分类和定位。

2. 基于信号处理的缺陷识别。除了图像信息,交通机械装备在运行过程中还会产生振动、声发射、电磁等多种物理信号。这些信号携带了装备内部结构和缺陷的重要信息。采用信号处理技术对这些信号进行采集和分析,提取信号的时域、频域、时频域等特征参数,运用机器学习算法构建信号特征与缺陷类型之间的映射关系,实现对装备内部缺陷的无损检测。常用的信号特征提取方法有快速傅里叶变换、小波分析、希尔伯特-黄变换等。在特征提取的基础上,采用人工神经网络、隐马尔可夫模型、支持向量机等机器学习算法对信号特征进行分类和识别,实现对装备内部的裂纹、松动、碰摩等缺陷的诊断。例如,在风力发电机组齿轮箱的故障诊断中,采用经验模态分解和希尔伯特变换提取振动信号的本征模函数和瞬时频率,结合深度置信网络算法构建齿轮箱故障诊断模型,对齿轮箱的齿轮断裂、轴承损伤等典型故障进行识别和分类。

3. 基于多源异构数据融合的缺陷识别。交通机械装备缺陷检测往往需要综合利用多种检测手段和数据类型,如图像数据、振动数据、声发射数据等。传统的单一数据源难以全面刻画装备缺陷的多样性和复杂性。采用多源异构数据融合技术,将不同来源、不同特征的数据进行关联和整合,构建更加全面和准确的缺陷特征表示。在多源异构数据融合的基础上,采用深度学习、迁移学习、主动学习等机器学习方法,建立多层次、多尺度的缺陷识别模型,实现对多种类型缺陷的联合检测和定位。例如,在桥梁钢结构的健康监测中,综合利用计算机视觉获得的裂纹图像数据、光纤传感获得的应变数据以及环境温湿度数据,采用卷积神经网络和长短时记忆网络对多源数据进行特征提取和融合,构建桥梁钢结构健康状态评估模型,实现对结构裂纹、锈蚀、松动等多种损伤的早期预警。

机器学习方法在交通机械装备缺陷识别中的运用需要解决数据质量、模型泛化、特征工程等关键问题。首先,机器学习模型的性能主要取决于训练数据的质量。在实际工程应用中,缺陷样本的获取往往存在困难,缺乏足够的缺陷标注数据。采用数据增强、迁移学习等技术,利用仿真数据和有限的标注样本,可以有效扩充训练数据规模,提高模型的学习能力。其次,机器学习模型在实际应用中往往面临工况变化和个体差异等问题,导致模型泛化能力下降。采用域自适应、主动学习等方法,根据实际应用场景动态优化模型参数,可以提高模型的鲁棒性和适应性。最后,机器学习方法的性能主要取决于特征的选择和提取。采用特征选择、特征融合等技术,自动优化特征子集和特征表示,可以降低特征冗余,突出缺陷相关性,提高缺陷识别的精度和效率。

随着机器学习理论的发展和算力条件的提升,深度学习方法在交通机械装备缺陷识别领域展现出巨大的应用潜力。与传统的浅层机器学习方法相比,深度学习方法可以自动学习多层次的特征表示,极大地降低了人工特征提取的依赖,提高了缺陷识别的准确性和鲁棒性。代表性的深度学习模型如卷积神经网络(CNN)、长短时记忆网络(LSTM)等,在图像和信号的特征提取和分类识别方面取得了显著的性能提升。例如,采用CNN对列车受电弓滑板的表面图像进行分析,自动提取滑板磨损、锈蚀等细微缺陷特征,实现对受电弓健康状态的在线评估;采用长短时记忆网络对风力发电机组的数据采集与监视控制系统(SCADA)运行数据进行建模,自适应学习风机故障的时序演化规律,及早预警叶片裂纹、传动系统磨损等潜在缺陷。深度学习方法的引入极大地拓展了机器学习在交通机械装备缺陷识别领域的应用空间,为实现更加智能化和高效的装备健康管理提供了新的技术手段。

机器学习方法在交通机械装备缺陷识别中的运用是一项复杂的系统工程,涉及数据采集、特征提取、模型训练、性能评估等多个环节。目前,尽管机器学习方法在缺陷识别领域取得了长足进展,但仍然存在一些亟待解决的问题和挑战。样本标注困难、模型泛化能力不足、缺陷机理解释薄弱等问题在一定程度上制约了机器学习方法的工程实用性。未来,亟须加强机器学习与先验物理知识的融合,将定性分析与定量建模相结合,建立面向交通机械装备缺陷演化机理的智能诊断模型。同时,加强机器学习算法的可解释性研究,赋予模型以因果推理和决策解释能力,增强机器学习方法的可信度和可接受度。此外,构建交通机械装备缺陷知识库和案例库,为机器学习方法提供丰富的先验知识和优化训练样本,提高机器学习模型的学习效率和诊断精度。

机器学习方法是实现交通机械装备自主智能检测和健康管理的核心支撑技术之一。随着工业大数据的积累和人工智能技术的进步,机器学习方法必将在交通装备缺陷识别、故障诊断、寿命预测等领域得到更加广泛和深入的应用。以机器学习为代表的人工智能技术与先进传感技术、高性能计算技术的融合发展,将促进交通机械装备运维模式的变革,实现由“事后检修”向“预测性维护”的转变,为保障交通机械装备安全、可靠、高效运行提供坚实的技术支撑,助力交通强国战略的实施和交通运输行业的可持续发展。

三、智能算法在交通机械装备检测数据分析中的应用

智能算法是人工智能技术的重要组成部分,其通过模拟人类智能行为,实现对复杂问题的自主分析和决策。近年来,随着交通机械装备向智能化和网联化方向发展,智能算法在交通机械装备检测数据分析中得到了日益广泛的应用。交通机械装备在设计、制造、运行、维护等全生命周期内产生海量的多源异构数据,如设计参数、制造工艺、运行状态、故障维修等。传统的数据分析方法主要依靠人工经验和统计模型,难以有效处理复杂的非线性关系和动态变化规律,导致数据的价值未能被充分挖掘。智能算法可以从海量检测数据中自主学习特征表示,构建数据驱动的分析模型,实现对装备健康状态的智能感知、预测和诊断,为装备的全生命周期管理提供精准和高效的决策支持。

智能算法在交通机械装备检测数据分析中的应用主要体现在以下几个方面。

1. 装备退化趋势预测。交通机械装备在长期服役过程中,其关键部件和结构会发生不同程度的退化和劣化,如磨损、疲劳、腐蚀等。及早发现和预测退化趋势,对于实现装备的预防性维护和延长使用寿命具有重要意义。智能算法可以通过对装备运行参数、环境因素、历史维修等多源数据进行融合分析,构建退化预测模型。例如,在列车轮对的状态监测中,采用支持向量回归、高斯过程回归等算法,建立轮轨力、转向架振动、轮轨型面等参数与轮对磨耗量之间的非线性映射关系,实现对轮对剩余使用寿命的动态预测;在桥梁健康监测中,采用深度置信网络、长短时记忆网络等算法,融合应变、位移、温度等多源传感数据,自适应学习桥梁结构退化的时空演化规律,及早预警桥梁的潜在安全风险。智能算法可以从海量检测数据中提取退化特征,刻画退化过程的内在机理,为装备的健康管理提供可靠的预测依据。

2. 故障原因分析。引发交通机械装备的故障问题的原因较多,如设计缺陷、制造偏差、环境干扰、人为失误等。快速诊断故障发生的根本原因,对于及时采取针对性的维修措施至关重要。智能算法可以通过对装备故障案例、运行工况、环境因素等数据进行关联分析,挖掘故障发生的关键影响因素和潜在规律。例如,在风力发电机组的故障诊断中,采用关联规则挖掘、序列模式挖掘等算法,从海量 SCADA 运行数据和故障维修记录中发现故障的频繁模式和时序关联规则,识别引起特定故障的关键影响因素和触发事件;在船舶推进系统的故障溯源中,采用因果推理、贝叶斯网络等算法,综合考虑推进电机温升、轴系振动、油品污染等多源异常数据,构建故障传播路径和因果关系网络,追溯导致推进系统故障的设计缺陷和工艺问题。智能算法可以从复杂的数据关联中甄别故障相关特征,揭示故障发生和传播的内在机制,为故障诊断和预防提供有力支撑。

3. 设备剩余寿命预测。交通机械装备的剩余寿命预测是一项复杂的系统工程,需要综合考虑设备的设计参数、制造工艺、使用工况、环境因素等多方面因素。传统的寿命预测方法主要依赖经验公式和统计模型,难以适应装备个性化和工况变化的需求。智能算法可以通过对装备全生命周期的海量数据进行学习和建模,自主构建寿命预测模型,动态评估装备的剩余寿命。例如,在飞机发动机的寿命预测中,采用深度神经网络、极限学习机等算法,融合发动

机性能参数、振动信号、金属颗粒度等状态监测数据，自适应学习发动机退化规律，实现对发动机剩余循环寿命的精准预测；在盾构机刀盘的寿命评估中，采用支持向量回归、随机森林等算法，综合考虑土质条件、掘进参数、刀盘载荷等影响因素，建立刀具磨损量与影响因素之间的非线性关系，预测刀具的剩余使用寿命。智能算法可以从海量检测数据中学习装备退化规律，克服经验模型的局限性，为装备的预测性维护提供量化的决策依据。

智能算法在交通机械装备检测数据分析中的应用较为复杂，需要解决数据质量、算法选择、模型评估等关键问题。装备检测数据往往存在噪声干扰、数据缺失、非平稳等质量问题，需要采用数据清洗、数据填补、特征变换等预处理技术，提高数据的完整性和可靠性。针对不同的分析任务和数据特点，需要选择合适的智能算法，如深度学习算法适用于复杂非线性关系的建模，进化算法适用于多目标和组合优化问题的求解，迁移学习算法适用于跨域数据的知识迁移等。同时，智能算法的性能评估需要综合考虑模型的准确性、泛化能力、计算效率等多个指标，采用交叉验证、留一法等方法客观评估模型的优劣。

智能算法与先验知识和物理机理的融合是交通机械装备检测数据分析的重要发展方向。单纯的数据驱动建模往往难以充分发挥智能算法的优势，而结合领域知识和物理规律可以极大地提高算法的解释性和鲁棒性。以模型驱动和数据驱动相结合的方式构建分析模型，将定性分析和定量计算相统一，可以充分利用数据和知识的优势，提高算法的学习效率和预测精度。例如，在列车轴承的剩余寿命预测中，采用物理统计模型描述轴承退化机理，结合粒子滤波、贝叶斯推理等算法在线学习模型参数，可以在轴承物理机理约束下实现数据驱动的寿命预测和智能决策。

交通机械装备检测数据蕴含丰富的价值信息，智能算法是挖掘数据价值、实现高效智能分析的重要工具。随着人工智能技术的不断发展，智能算法在交通机械装备领域的应用必将更加广泛和深入。未来，要将更多精力放在智能算法在装备退化机理、故障溯源、全寿命周期管理等方面的基础研究，解决小样本学习、知识迁移、因果推理等瓶颈问题，促进数据驱动和知识驱动的深度融合。同时，加快智能算法的工程化和产业化步伐，建立装备全生命周期大数据平台，打通设计、制造、运维等环节的数据链路，实现装备数据的集成共享和业务协同。此外，构建面向行业应用的智能算法工具包和知识库，为工程人员提供模型搭建和参数调优的快速开发环境，提升智能算法的易用性和实用性。

智能算法是交通机械装备实现自主智能检测和健康管理的核心使能技术。随着数据驱动创新和人工智能时代的到来，智能算法正在从理论研究走向工程应用，成为推动交通机械装备技术变革和产业升级的新引擎。以智能算法为代表的人工智能技术与物联网、大数据、云计算等新一代信息技术的交叉融合，将赋予传统交通机械装备以智能感知、自主学习和决策优化的新能力，形成具有全局感知、实时分析、动态优化、自主决策的新型智能装备体系，为全面提升交通运输系统的安全性、效率性、经济性和可持续性注入新的活力和动力，助推交通强国战略目标顺利实现。

第二节 在线实时检测技术在交通装备中的应用

一、分布式光纤传感技术在交通机械装备状态监测中的应用

分布式光纤传感技术是近年来随着光纤通信和光电子技术的飞速发展而兴起的一种新型传感和检测技术。与传统的点式传感器不同,分布式光纤传感技术利用光纤自身作为连续分布的传感介质,可以实现对结构的全域覆盖和长距离监测。通过对光纤中传输光信号的散射和反射特性进行分析,可以获得光纤沿程分布的温度、应变、振动等状态信息。分布式光纤传感技术具有体积小、重量轻、抗电磁干扰、本质安全等优点,在交通机械装备的状态监测和安全预警中具有广阔的应用前景。

分布式光纤传感技术在交通机械装备状态监测中的应用主要体现在以下几个方面。

1. 高速铁路轨道和车辆的状态监测。高速铁路对轨道和车辆的安全性和可靠性提出了极高的要求。分布式光纤传感技术可以实现对高速铁路线路的全方位、全过程监测。通过将光纤传感器嵌入轨道板和铺设于路基内部,利用布里渊散射原理,可以获得轨道和路基沿程分布的温度、应力和振动状态,及早发现轨道变形、波磨、塌陷等缺陷和异常情况,预防安全事故的发生。同时,利用光纤传感技术对高速列车车辆的轮轨力、运动姿态等参数进行监测,可以评估车辆的动力学性能和运行安全性,为铁路运营维护提供重要依据。例如,某高速铁路采用分布式光纤传感技术对 500 km 长的线路进行状态监测,结合 GIS 系统实现监测数据的可视化展示,及时发现了数百处轨道变形和路基沉降的安全隐患。

2. 桥梁结构健康监测。桥梁是交通运输网络的关键节点,其结构的完整性和耐久性直接关系到交通运输的安全和畅通。分布式光纤传感技术可以对桥梁结构进行多参数、长寿命的健康监测。通过在桥梁关键部位布设光纤传感器,利用瑞利和布里渊散射原理,可以测量桥梁表面和内部的应变、温度分布,评估桥梁在荷载和环境作用下的受力状态和损伤演化。基于光纤传感的桥梁监测系统可以实现远程、在线的实时数据采集和分析,及早发现裂缝、锈蚀、疲劳等病害,预警桥梁的安全风险。例如,某跨海大桥采用分布式光纤传感技术对主梁、索塔、锚固区等关键部位进行全寿命周期监测,并结合有限元模型分析和评价监测数据,保障了大桥在台风、地震等极端事件下的安全运营。

3. 盾构隧道健康监测。随着城市地下空间的开发和利用,盾构法已成为当今隧道施工的主要方式之一。受复杂地质和施工扰动的影响,盾构隧道容易发生渗漏、变形、开裂等病害,严重威胁隧道结构和运营安全。分布式光纤传感技术可以实现对盾构隧道的多参数、全方位监测。通过在隧道管片和衬砌结构中内嵌光纤传感器,可以获得隧道结构表面和内部的应力、应变和温度分布信息,全面评判隧道的受力状态和健康水平。基于光纤传感的隧道监测系统可以实时、连续地采集监测数据,结合 GIS 系统进行三维可视化展示,直观评价隧道在开挖、成型阶段及运营期的安全状况,为隧道的设计施工和养护维护提供科学依据。

4. 大型港口机械的状态监测。港口是水陆联运的交通枢纽,港机装备的安全高效运行是港口生产的重要保障。岸桥、龙门吊、装卸桥等大型港机设备结构复杂、工况恶劣,其结构件容易发生疲劳损伤和断裂失效。分布式光纤传感技术可以对港机装备的关键结构进行长期、在线监测。通过在港机结构的应力集中区、疲劳敏感区布设光纤传感器,利用瑞利和布里渊散射原理,持续监测结构的应力、应变水平,评估结构在风荷载、工作载荷等复杂应力状态下的强度和稳定性,预警结构的健康退化和安全风险。同时,光纤传感技术还可与振动、油液监测等技术相结合,实现对港机传动部件和液压系统的多参数综合监测。例如,某集装箱码头采用分布式光纤传感技术对龙门吊的吊臂结构进行应力和振动监测,通过对监测数据的统计分析,建立了结构疲劳寿命预测模型,制定了基于结构状态的检修策略,大幅提高了设备的完好性,同时也延长了使用寿命。

分布式光纤传感技术在交通机械装备状态监测中的应用仍面临着亟待解决的问题和挑战。光纤传感器的长期稳定性和抗久性是制约其大规模应用的瓶颈问题。受复杂环境和振动冲击的影响,光纤传感器易发生故障和老化,导致测量精度下降和系统可靠性降低。优化光纤传感器的封装工艺,改善光纤与基体间的粘接机理,提高光纤传感器的环境适应性和机械性能,是未来研究的重要方向。同时,分布式光纤传感系统产生的海量监测数据给数据传输和处理带来巨大挑战。发展高速并行计算和智能压缩算法,优化数据传输协议和存储架构,实现监测数据的实时解调和特征提取,构建面向装备全寿命周期的健康管理平台,将是分布式光纤传感走向实际应用的关键。

分布式光纤传感技术是一种新兴的现代检测技术,随着智能感知和高速光通信技术的进步,其在交通机械装备状态监测领域的应用潜力正在不断释放。未来,分布式光纤传感技术有望与物联网、大数据、人工智能等技术深度融合,通过海量监测数据的实时采集、高速传输和智能处理,构建覆盖交通装备全生命周期的状态感知和健康管理平台,实现从装备设计、制造到运维全过程的精准管控和优化决策,为保障交通装备的本质安全和提升交通运输系统的智能化水平提供有力支撑。同时,分布式光纤传感技术在交通装备领域的研究和应用,也将极大地推动光纤传感和光电子技术的发展,形成新的产业增长点,为经济社会的转型升级注入新的动力。

二、嵌入式传感器技术在交通机械装备在线检测中的应用

嵌入式传感器技术是近年来随着微电子、微机械和材料科学的迅猛发展而兴起的一种新型传感与检测技术。嵌入式传感器是将微型化、集成化的传感器件通过特定的封装和集成工艺嵌入到被测对象内部,实现与被测对象一体化设计和制造。相较于传统的表贴式传感器,嵌入式传感器能够获得更加真实可靠的内部状态信号,免除附加质量和外部干扰的影响,提高测量的灵敏度和准确性。嵌入式传感器技术在交通机械装备的在线检测和健康监测中展现出广阔的应用前景。

嵌入式传感器技术在交通机械装备在线检测中的应用主要体现在以下几个方面。

1. 航空发动机叶片的嵌入式应变测量。航空发动机是飞行器的心脏,其叶片在高温、高压和高速旋转的苛刻环境下长期工作,容易发生疲劳损伤和振动失稳。采用嵌入式应变传感器对叶片的动应变和振动特性进行实时监测,对于保障发动机安全和提高使用寿命具有重要意义。通过在发动机叶片铸造和焊接制造过程中,将微型应变计嵌入叶片基体内部,利用无线供电和数据传输技术实现高速旋转条件下的应变信号采集和处理。结合叶片的有限元模型,可以分析叶片在不同工况下的动力学响应和强度裕度,及早预警叶片的疲劳损伤和共振失稳风险。例如,某航空发动机采用嵌入式应变传感器对压气机叶片进行在线监测,获得了叶片在 0~30 000 r/min 转速范围内的动应变响应,通过与数值仿真结果的对比分析,优化了叶片的结构设计,叶片疲劳寿命提高了 20%以上。

2. 风电叶片的嵌入式健康监测。风力发电是清洁可再生能源的重要组成部分,风电叶片作为风力发电机组的关键部件,其可靠性和使用寿命直接关系到风电场的发电效率和运营成本。采用嵌入式传感器技术对风电叶片进行全生命周期健康监测,对于实现状态检修和延寿增效具有重要价值。在风力涡轮机叶片工艺中采用真空导入成型和树脂浇注技术,将光纤光栅应变传感器、加速度计、温湿度传感器等嵌入叶片内部,利用无线传感网络技术实现在役叶片的多参数实时监测。结合结构的多尺度模型和测试大数据分析,可以评估叶片在风载作用下的受力分布和损伤演化规律,预测叶片的剩余使用寿命。例如,某大型海上风电场采用嵌入式传感器技术对风电叶片进行健康监测,建立了涵盖叶片生产、运输、安装和运行的全流程状态感知和质量溯源体系,有效降低了叶片断裂和掉落等重大事故的发生概率,提高了风电场的可利用率和经济效益。

3. 列车轮对的嵌入式温度和振动监测。高速列车轮对是列车走行部的核心部件,其状态的好坏直接影响行车安全。轮对在高速运行中产生大量的热量和振动,容易引发轴承和齿轮箱故障。采用嵌入式传感器技术对轮对的温度和振动特性进行在线监测和故障诊断,对于保障列车运行安全和提高检修质量具有重要意义。通过在轮对轴承和电机定转子上嵌入无线温度和振动传感器,利用车载数据采集和无线传输装置实现高速运行条件下的轮对温度和振动信号的实时检测和分析。结合轴承和齿轮箱的动力学仿真模型,可以评估轮对部件在载荷和温度作用下的受力状态,诊断早期故障征兆,预警轴承烧损和齿轮崩角等典型失效模式。例如,某动车组采用嵌入式传感器技术对轮对进行状态监测,通过对轴温和振动数据的相关性和频谱分析,及时发现了轴承游隙过大和滚道磨损加剧等故障隐患,优化了轮对状态修程,降低了轮对故障率 30%以上。

4. 桥梁智能锚固系统的嵌入式监测。大跨度悬索桥和斜拉桥中,锚固系统是将主梁和塔柱连成整体的关键结构,其受力状态和损伤演化规律直接影响到桥梁的整体安全。采用嵌入式传感器技术对智能锚固系统进行多参数、全方位的实时监测,是保障特大桥健康安全运营的重要手段。通过在锚固系统的预应力筋和锚固块中嵌入光纤光栅应变和位移传感器,在混凝土浇筑过程中嵌入温湿度和电化学传感器,利用物联网和云计算平台实现海量监测数据的智能管理和分析。结合锚固结构的多尺度损伤模型,可以掌握锚固区内外预应力筋张拉力和混凝土收缩徐变规律，评估锚固系统在腐蚀、疲劳作用下的安全裕度，预警智能锚固的健康退化和失效风险。例如，某跨海悬索桥采用嵌入式传感器技术对主梁和塔柱锚固系统进行健康监测，获得了覆盖智能锚固全寿命周期的性能退化曲线，通过与设计指标和国内外同类桥梁数据的对比分析，及时开展了锚固区的加固和防护处理，确保了特大桥在设计使用年限内的安全可靠运营。

嵌入式传感器技术在交通机械装备在线检测中的应用仍面临诸多科技难题和工程挑战。传感器的微型化、低能耗和高可靠性设计是推动嵌入式传感器规模化应用的关键。发展纳米和柔性电子技术，优化传感器芯片和封装工艺，实现嵌入式传感器在毫米乃至微米量级下对温度、应变、振动等物理量的高灵敏检测，满足微小尺寸空间内的测量需求。同时，亟须突破嵌入式传感器在高速运动、高温和强电磁干扰等极端环境下的数据传输和能量获取瓶颈。发展高可靠、低时延的车载通信和无线供电技术，构建面向嵌入式传感器的物联网平台，实现海量监测数据的实时汇聚、解调和特征提取，是实现交通装备在线检测的重要基础。此外，建立嵌入式传感器的多物理场耦合机理和测试标定方法，揭示嵌入工艺对传感器测量性能和长期稳定性的影响规律，优化嵌入式传感器的布设方案和数据解译模型，是保障监测数据可靠性和降低度量不确定度的关键。

嵌入式传感器技术是实现交通机械装备内部信息感知和状态监控的核心使能技术。随着现代传感理论和智能制造工艺的飞速进步，嵌入式传感器技术正从实验室走向工程应用，成为交通装备制造业转型升级和提质增效的新引擎。未来，嵌入式传感器技术将与大数据、人工智能深度融合，借助机理建模和知识发现技术，实现对海量监测数据的自学习和自演化，构建覆盖装备全寿命周期的健康状态评估和智能决策体系，为交通装备的设计优化、制造和运维提供数字孪生、虚实交互和闭环迭代的新模式。同时，嵌入式传感器与主动控制和自修复等技术的协同，有望催生新一代智能感知材料和结构，使未来交通装备具备类生物系统的环境适应和自我修复能力。嵌入式传感器技术在交通装备领域的研究突破，也必将进一步推动微纳传感、柔性电子、生物遥感等学科交叉和协同创新，开辟智能感知、精准医疗等新兴产业发展的广阔新空间。

三、无线传感网络技术在交通机械装备远程监测中的应用

无线传感网络技术是近年来随着微电子、嵌入式计算和无线通信技术的迅猛发展而兴起的一种新型信息获取和处理技术。无线传感网络由大量部署在监测区域内的微型传感器节点通过自组织方式构建而成，具有低成本、低功耗、分布式和智能化等鲜明优势。将无线传感网络技术应用于交通机械装备的远程监测和故障诊断，可以有效克服传统有线监测系统布线困难、受环境干扰大、扩展性差等弊端，为动态获取和分析装备运行状态信息，实现全方位、全寿命周期的监测和健康管理提供了行之有效的新手段。

无线传感网络技术在交通机械装备远程监测中的应用主要体现在以下几个方面。

1. 路面状况和交通参数的无线监测。公路作为地面交通运输的大动脉，路面状况和交通

参数是评判公路服务水平和通行能力的重要指标。采用无线传感网络技术对公路路面状况和交通参数进行实时、动态的无线监测，对于掌握路况变化规律、优化养护策略和改善通行条件具有重要意义。通过在路面内部嵌入无线温湿度、应变、位移等传感器节点，在关键路段布设车速、车流量等交通监测器，利用多跳自组织路由和数据融合技术实现对路况和交通流的协同感知。结合路面力学性能演化和交通仿真模型，可以分析路面在车载和环境耦合作用下的损伤发展机理，预测路面使用性能，及时开展预防性养护。同时，融合路况和交通流数据，可优化交通诱导和信号控制策略，缓解交通拥堵。例如，某高等级公路采用无线传感网络对路面温度、湿度、应变和车流量进行分布式监测，建立了路面全寿命周期性能预测和交通流协同优化系统，延长了路面使用寿命15%以上，节省了年均养护成本20%。

2. 桥梁结构振动和位移的无线监测。桥梁作为交通网络的枢纽，其结构的完整性和稳定性直接关系到交通运输的安全和畅通。采用无线传感网络技术对桥梁结构的振动和位移响应进行长期、动态的无线监测，对及早发现结构病害征兆、评估结构健康状态和指导养护加固具有重要作用。通过在桥面板、主梁和墩台等关键部位布设无线加速度计和位移计节点，利用多通道并行采样和数据压缩技术实现对桥梁多点振动和位移时程的实时采集。在监测数据分析中融合结构动力学理论和统计模式识别方法，提取结构动态特性参数和振型，建立振动和位移响应与结构损伤的映射模型，实现对裂缝、锈蚀和疲劳等病害的识别和分级预警。同时，通过与有限元仿真结果和试验数据的对比，修正结构参数和损伤模型，实现监测、分析和预测的互动和迭代。例如，某跨海大桥采用无线传感网络对全桥165个测点进行振动和位移监测，通过频谱分析和统计模式识别诊断出主梁多处疲劳裂纹和墩台不均匀沉降，为大修加固决策提供了关键依据，保障了大桥设计使用年限内的安全运营。

3. 机场跑道外来物和异物入侵的无线监测。飞机起飞和降落对机场跑道的完好性和净空条件提出了极高的要求。跑道表面的裂纹、坑槽和松散物，以及鸟类、无人机等异物入侵，都可能影响飞行安全。采用无线传感网络技术对机场跑道外来物和异物入侵进行全天候、全方位的无线监测，对于保障航空安全和提高机场运行效率具有重要意义。通过在跑道沿线布设毫米波雷达、红外、视频等异物探测节点，在进近区域部署声表面波雷达和无线电监测设备，利用异构传感器协同和多层次目标识别技术构建机场净空监测网络。在检测数据分析中融合民航机场飞行区技术标准，评估外来物和异物入侵对飞行安全的威胁等级，触发不同响应策略，如告警、管制和清理等。同时，结合历史监测数据和运行事故信息，不断完善安全威胁知识库和推理规则库，实现机场运行安全态势的感知、理解和预测。例如，某国际机场采用异构无线传感网络对4条跑道36个监测分区进行全覆盖监测，在连续3年的运行中及时监测和清理了500余起外来物，避免了10余起可能导致事故的无人机非法入侵，有力保障了机场的安全和平稳运行。

4. 港口起重机的无线状态监测。港口是水陆联运的交通枢纽，港口起重机作为集装箱码头装卸作业的关键装备，其运行可靠性和作业效率直接影响到港口的通过能力和经济效益。采用无线传感网络技术对港口起重机进行远程状态监测，对于及早发现设备故障隐患，合理安排检修计划，提高设备完好率和利用率具有重要价值。通过在起重机的吊具、变幅机构和运行机构等关键部件上布设无线应变、振动和位移传感器节点，利用分簇路由和移动数据链路技术实现对起重机动态工况的实时采集。在状态监测数据分析中融合设备动力学仿真和故障模式知识库，评估关键部件在交变载荷和极端工况下的疲劳损伤和剩余寿命，诊断轴承、减速机和回转支承等易损部件的早期微弱故障，形成设备退化规律和故障预警模型。同时，优化检修策略和备件管理，实现起重机的安全高效运维。例如，某自动化码头采用带能量收集的无线传感网络对龙门起重机和轨道吊进行联网监测，建立了港机设备全寿命周期健康管理系统，在不影响码头作业的情况下将设备检修周期延长30%，备件库存降低25%，设备完好率提高到95%以上。

无线传感网络技术在交通机械装备远程监测中的应用仍面临诸多关键技术难题和工程挑战。传感器节点的小型化、低功耗设计和数据安全是推动无线传感网络规模化应用的基石。发展微型化传感器芯片和集成电路，优化数据融合和特征提取算法，在有限资源约束下实现节点的能耗均衡和生命周期最大化。研究面向动态网络环境的轻量级认证和数据加密协议，保障网络的机密性和完整性。同时，交通机械装备所处的恶劣环境给无线传感网的可靠通信和高效组网带来严峻挑战。针对干扰复杂、信道时变的无线传输环境，设计自适应信道均衡和抗干扰编码机制，保障数据的实时可靠传输。面向装备振动频繁、节点移动的动态组网场景，发展自愈合路由和软件定义组网技术，实现动态网络的快速构建和弹性适应。此外，海量异构监测数据给网络计算和存储带来巨大压力。研究面向边缘计算的分布式数据挖掘框架，在网络中动态构建分布式计算和数据缓存，实现监测数据的就地分析和按需访问，降低数据传输和处理的时延和能耗。

无线传感网络技术是实现交通机械装备全寿命周期状态感知和健康管理的重要使能技术。随着新一代信息通信技术的加速渗透，无线传感网络正呈现与移动互联网、云计算、人工智能深度融合的发展态势，不断拓展交通装备的感知、计算和智能化能力。未来，基于软件定义的智能传感网络体系架构将不断发展完善，通过在异构网络中实现链路、节点和业务的按需调度和弹性配置，构建覆盖交通装备全寿命周期的泛在、可靠、高效的监测服务网络。同时，网络智能和数据驱动成为无线传感网络发展的主旋律。通过边缘和云协同，就地和按需对海量监测数据开展关联挖掘和知识提炼，形成装备退化趋势预测、故障诊断决策和健康管理优化的持续学习和迭代闭环，为装备的智能运维和状态修复提供实时、精准的信息支撑和策略指导。此外，无线传感网络与控制、通信的融合发展，有望催生自感知、自学习和自决策的新一代智能交通装备。装备通过内置的传感、执行和通信单元，对自身和环境的状态开展主动感知，针对任务目标开展自主推理，对控制策略开展自适应优化，实现全局协同和局部自治的智能行为，不断提升交通装备的智能化、网联化水平。

第三节 自动化、智能化检测系统集成

一、机器人技术在交通机械装备自动化检测中的应用

机器人技术是近年来随着人工智能、控制理论和传感器技术的飞速发展而兴起的一种新兴自动化技术。机器人具有执行复杂任务的柔性和适应性,可以模仿人的感知和操作行为,在恶劣和危险环境中代替人工作业。将机器人技术应用于交通机械装备的自动化检测,可有效降低人工检测的劳动强度和安全风险,实现全天候无人化作业,提高检测精度和效率,为装备状态评估和故障诊断提供客观可靠的数据支撑。机器人自动化检测在保障交通机械装备安全可靠运行,提高运维管理水平方面具有重要意义和广阔的应用前景。

机器人技术在交通机械装备自动化检测中的应用主要体现在以下几个方面。

1. 桥梁检测机器人。桥梁是交通基础设施的重要组成部分,其健康状态直接关系到交通运输的安全和畅通。传统的人工检测方法存在劳动强度大、作业效率低和操作风险高等问题。研制桥梁检测机器人,利用视觉、超声和热成像等多模态传感器实时采集桥梁表面和内部的状态数据,结合深度学习和智能优化算法进行数据解译和特征识别,可实现对桥梁裂缝、剥落、锈蚀、疲劳等典型病害的自动化检测。同时,将检测机器人与无人机、水下航行器等协同作业,形成空地一体化的桥梁结构全方位感知和评估能力,为桥梁健康状态诊断和养护决策提供数据支撑。例如,某跨海大桥采用高空作业机器人对桥塔进行自动化检测,通过图像分割和特征匹配识别表面腐蚀面积达到93%的准确率,检测效率是人工方法的3倍。

2. 道路巡检机器人。道路作为地面交通运输的主通道,道路状况对交通运输效率和通行安全具有直接影响。传统的道路巡检主要依靠人工观察和经验判断,存在主观性强、检出率低等问题。研制道路巡检机器人,采用高分辨率图像、三维激光雷达等传感器扫描获取道路表面形貌和路况信息,利用多传感器融合和人工智能识别技术解析道路坑洼、裂缝、松散、泛油等缺陷类型和危害程度,可以大幅提高道路巡检的自动化和智能化水平。同时,将巡检机器人与道路养护装备联网作业,依据缺陷检测数据实时规划养护方案,调度作业车辆,实现对道路缺陷的快速响应和高效修复。例如,某高速公路采用轮式巡检机器人每天对500 km路段进行自动扫描,识别率达到95%,有效指导了路面预防性养护,节约养护费用30%以上。

3. 机车检测机器人。机车是铁路运输的主力装备,其性能和状态直接影响行车安全和运输效率。机车出入库前的例行检查对发现设备缺陷和消除安全隐患至关重要。研制机车检测机器人,利用红外、X射线和超声等无损探测传感器,结合机器视觉和人工智能分析方法,实现对机车关键部件和薄弱部位的缺陷识别和状态评估。通过机器人并联作业,可在数分钟内完成对机车轮对、制动系统、车钩等关键部件的全面检查,及时发现故障隐患,评估健康状态,形成检测报告和维修建议,有效避免违规出车和行车事故。同时,将检测机器人与车载监测和地面检测系统互联,构建全寿命周期状态跟踪和诊断预警体系。例如,某铁路局采用轨

道式双臂协作机器人对动车组转向架进行自动化检测，现场作业效率提高 3 倍，节约人工费用 60%以上。

4. 飞机机体检测机器人。飞机是航空运输的核心装备，机体结构和系统的完整性直接关系飞行安全。传统的人工目视检查难以发现内部隐患和微小缺陷，且作业环境恶劣，劳动强度大。研制飞机机体检测机器人，利用涡流、超声相控阵等无损检测传感器获取机体表面和内部微观结构信息，采用信号处理和模式识别方法诊断蒙皮、机舱、起落架等关键部位的裂纹、锈蚀和疲劳损伤。通过蛇形、多足等仿生机器人在飞机表面灵活爬行和吸附，实现对复杂曲面和狭小空间的自主探查和缺陷定位。同时，建立机体检测标准和评价数据库，实现检测知识复用和自学习。例如，某航空公司研发壁虎式机器人对 A320 系列飞机中央翼段进行检测，作业效率是人工的 5 倍，检测精度达到 0. 2 mm，有效提高了飞机大修质量。

机器人技术在交通机械装备自动化检测中的应用仍面临诸多科技难题和工程挑战。复杂环境感知和自主导航是机器人实现柔性移动和智能作业的关键。面对交通机械装备运行环境的复杂多变，亟须突破极端条件下多源异构信息的智能感知和融合，移动过程遇到的不确定性环境的鲁棒导航和路径规划等核心技术瓶颈。同时，面向检测对象的精细化操作和力控是机器人实现自动化作业的基础。针对交通装备结构和工况的复杂性，发展面向装备多场耦合机理的力触觉感知和柔顺控制方法，实现机器人本体-装备-环境的主动顺应和精准操控。此外，知识驱动是提升机器人检测系统智能化水平的内在需求。通过本体构建和经验迁移，将领域工程知识注入数据解译和系统控制全流程，实现机器人检测系统的自学习、自适应和持续进化，是推动检测装备向自主智能和人机协作升级的重要方向。

机器人技术是实现交通机械装备自动化和智能化检测的核心支撑技术。随着智能制造和信息物理系统的发展，机器人作为赋能交通装备制造流程再造和优化升级的关键，正成为未来交通装备制造体系的重要部分。未来，面向交通装备的定制化和智能化需求，机器人系统将从单机独立作业向多机协同和人机交互方向演进。通过各种不同类型和功能的机器人集群部署，构建地空天一体化和人机物融合的立体协同作业模式，形成对交通装备制造和运维全生命周期的数字化映射和智能化管控。同时，云机器人技术中机器人云和数字孪生等技术的应用，将大大提升机器人的计算存储和感知能力。机器人作为交通装备物理世界的执行终端，智能云平台作为虚拟世界的大脑中枢，两者相互支撑，实现装备设计迭代、制造仿真和运维优化的虚实交互和闭环迭代，为提升交通装备智能制造和智能维护水平提供有力支撑。此外，随着新型传感、人机交互、仿生控制等技术的突破，未来机器人将具备更加灵巧、智能的技能。微小型检测机器人可在毛细管级狭窄空间内自由穿梭，进行原位在线监测。拟人化的人机交互将促进工程师和机器人助手之间知识和经验的相互传递和共享。仿生控制将使机器人作业动作更加灵活和高效，适应复杂工况。机器人技术与交通装备领域的交叉融合发展，也必将进一步推动机器人学、人工智能、先进制造等学科的协同创新，为智能交通体系建设提供有力支撑。

二、多传感器信息融合技术在交通机械装备检测中的应用

多传感器信息融合技术是智能检测系统的重要使能技术。交通机械装备在运行过程中，其内外部环境复杂多变，单一传感器往往难以全面感知装备的状态信息。多传感器信息融合技术通过对不同类型和不同位置传感器获取的异构数据进行融合处理，克服了单一传感器在时间和空间分辨率、测量精度、可靠性、鲁棒性等方面的局限，实现对装备的多参数、全方位和宽领域感知。多传感器信息融合为获取交通机械装备状态的一致性解释、提升装备故障诊断和健康评估的可靠性提供了有力支撑。

多传感器信息融合技术在交通机械装备检测中的应用主要体现在以下几个方面。

1. 交通运输车辆故障诊断。交通运输车辆故障模式多样，部分故障征兆微弱，单一类型传感器难以准确诊断。采用多传感器信息融合技术，综合振动、声发射、温度、油液等状态监测数据，可大幅提高车辆关键部件和薄弱部位的故障诊断能力。如德国学者将振动信号频谱特征与油液金属磨粒度数据进行 D-S 证据理论融合，建立了车辆发动机故障诊断模型，诊断精度达 95%以上。西班牙学者利用神经网络算法融合列车车轮振动、轮轨力、声发射信号，实现了对车轮磨损、剥落、面疮等典型缺陷的模式识别，准确率达 92%。多传感器信息融合有效提高了车辆故障特征提取和故障定位的准确性，为实现车辆状态的精准诊断和预测性维护奠定了基础。

2. 桥梁结构健康监测。桥梁结构在荷载、环境耦合作用下，其响应具有明显的多物理场耦合特征。单一物理量难以准确评判结构的健康状态和安全裕度。采用多传感器信息融合技术，综合应变、振动、位移、温度、湿度、腐蚀等多源监测数据，可准确反映结构在实际荷载和环境条件下的性能退化规律。如加拿大学者提出了基于小波变换和模糊聚类的多传感器融合方法，通过应变和温度数据融合实现了桥梁索力估计，误差小于 5%。国内学者采用主成分分析法对桥梁裂缝、振动和位移数据进行降维融合，提取了反映桥梁整体变形和局部损伤的健康评价指标，为桥梁安全预警和养护决策提供了依据。多传感器信息融合有力支撑了结构健康监测由定性分析向定量诊断的提升。

3. 风电机组状态监测。风电机组由于恶劣的工作环境和频繁的启停，关键部件的早期微弱故障难以有效甄别。采用多传感器信息融合技术，综合 SCADA 系统、振动、声发射、油液等状态监测数据，可显著提升风电机组的故障预警能力。英国学者构建了风电齿轮箱的状态监测和故障诊断多传感器融合系统，利用最大后验概率法融合了齿轮箱振动、噪声和油液质量数据，实现了齿轮早期磨损、点蚀等故障的识别，漏检率降低了 80%。丹麦学者基于多尺度的卷积神经网络，融合了叶片应变和风向风速数据，显著提高了叶片裂纹和结冰的识别精度。多传感器信息融合为风电机组运行工况评估和故障预警提供了可靠支撑，对提高风电机组可利用率，降低运维成本具有重要意义。

4. 工程机械健康评估。工程机械作业环境复杂，作业工况多变，其结构响应和性能退化机理尚不明确。多传感器信息融合技术为揭示工程机械的多工况响应机理，开展全寿命周期

健康评估提供了新思路。美国学者构建了挖掘机液压系统的多传感器状态监测系统，融合了泵、阀、执行元件等关键部件的压力、流量、温度和污染度数据，通过集成PF粒子滤波和主动学习方法，实现了液压系统的剩余寿命预测，平均误差小于10%。澳大利亚学者采用贝叶斯推理融合了矿用卡车轮胎压力、应变和振动数据，建立了轮胎多工况疲劳寿命预测模型，有效指导了轮胎的预防性更换。多传感器信息融合技术为工程机械由事后检修向预测性维护的模式转变提供了技术支撑。

多传感器信息融合具有极强的系统性和复杂性，需要解决一系列理论和方法问题。异构传感器数据的时空配准是数据融合的基础，需发展异步异常异构数据的时空基准统一和尺度转换方法。海量异构数据给数据传输和实时计算带来巨大挑战，亟需构建面向异构数据的数据压缩和编码机制，发展轻量化数据挖掘和流式计算方法。此外，工程领域知识的明确表述和量化是提高融合系统稳健性和通用性的关键，需发展基于因果图谱和本体模型的知识表示和推理方法，实现数据驱动和知识驱动的层次化和协同化融合。

随着物联网、人工智能技术的快速渗透，多传感器信息融合正成为未来交通机械装备智能检测的主流范式和核心智能技术。未来，多传感器信息融合架构将不断扁平化和动态化，通过自适应感知和按需融合，突破传统从数据层、特征层到决策层的固定式融合模式，实现异构感知数据的自学习和主动校正。同时，边缘计算和智能终端的广泛应用将推动多传感器信息融合系统的模块化和即插即用，通过在网络中分散式部署微型智能聚变融合单元，构建自组织、可重构的开放式融合系统，形成对交通机械装备的态势感知和智慧决策能力。此外，数字孪生和人机混合增强等新兴技术将与多传感器信息融合技术深度交叉融合，利用高保真数字孪生模型开展融合系统的参数校准和性能评估，借助工程技术人员的专家经验开展特征知识挖掘和策略知识优化，极大拓展多传感器融合系统的适用范围和智能水平。

多传感器信息融合技术是交通机械装备智能检测系统的核心组成。随着交通装备对安全、环保、节能、高效的要求日益提升，多传感器信息融合将在交通装备设计验证、制造质量控制和运维安全管理中发挥越来越重要的作用。以多传感器信息融合为代表的智能检测新技术与交通机械装备全寿命周期管理的深入融合，将催生一批智能感知、自学习、自适应和自组织的监测、诊断和控制等新方法，为保障交通机械装备的安全、可靠、高效、环保提供源源不断的新动能，为交通强国和制造强国建设提供有力的技术支撑。

三、智能化检测诊断系统在交通机械装备中的集成应用

交通机械装备是一个复杂的系统，由多个子系统和部件构成。为了保证装备的可靠性和安全性，需要对其进行全面、系统的检测和诊断。传统的人工检测方法已经不能满足现代交通机械装备的需求，智能化检测诊断系统成为发展趋势。

智能化检测诊断系统是以先进传感器技术、信号处理技术、人工智能技术为基础，通过对装备的振动、噪声、温度、压力等信号进行采集和分析，实现对装备运行状态的实时监测和故障诊断。相较于传统检测方法，智能化检测诊断系统具有检测精度高、响应速度快、诊断准确

率高等优点。

在轨道交通装备领域,智能化检测诊断系统已经得到广泛应用。例如,北京地铁采用了车辆智能检测系统,通过布置在车底的多种传感器实时采集车辆的振动、温度等信号,并利用信号处理算法和故障诊断模型对数据进行分析,及时发现车辆的潜在故障,提高了列车的运行安全性。上海磁浮线路也应用了智能化检测诊断系统,对轨道、车辆、悬浮系统进行全方位实时监测,保证了磁浮列车的高速、平稳运行。

在公路交通装备领域,智能化检测诊断系统在桥梁健康监测中发挥着重要作用。传统的人工检测难以全面评估大型桥梁的受力状态。而采用光纤传感器、无线传感网络等技术建立的智能化检测系统,可以实时获取桥梁的应变、振动等信息,评估其损伤程度和剩余寿命,及时发现安全隐患。同时,系统还可根据车流量、环境条件等因素智能调整检测频率,在确保安全的同时降低检测成本。

在水路交通装备领域,智能化检测诊断系统对于确保船舶和港口机械的安全运行至关重要。以往,船舶和港机的检修主要依靠人工定期检查,难以发现早期故障征兆。应用智能化检测系统后,可通过振动、油液监测等手段实时掌控关键部件的健康状态,利用大数据分析建立设备退化模型,预测其剩余使用寿命,实现状态检修向预测性维护的转变,减少突发性事故,提高装备利用率和经济效益。

尽管智能化检测诊断系统在交通机械装备领域取得了较大进展,但在算法模型、系统集成等方面还有待进一步完善提高。由于交通机械装备种类繁多,工况环境复杂多变,对检测诊断系统的适应性、鲁棒性提出了更高要求。特别是一些复杂部件和隐蔽工况,如桥梁支座、船舶螺旋桨等,检测与诊断还面临技术瓶颈。未来,智能化检测诊断系统发展的重点是建立完善的装备故障模式库和知识库,开发专家系统和机器学习算法,提高信息融合与综合决策能力,实现从单一装备到整个交通系统的全寿命周期健康管理,为交通装备的安全、高效运行提供有力保障。

同时,智能化检测系统在工程化应用时还需要加强标准体系建设。传感器的选型、布设,信号的采集、传输、存储,数据分析软件接口等都需要统一规范,以实现不同厂家、不同型号装备检测数据的互联互通和综合利用。这需要交通主管部门、科研机构、生产厂商、检测机构等多方通力协作,遵照系统工程理念,统筹考虑检测系统的实用性、经济性、可靠性、安全性、扩展性,因地制宜地推动智能化检测诊断系统在交通机械装备中的工程化应用。

综上所述,随着物联网、大数据、人工智能等新一代信息技术的快速发展,智能化检测诊断系统代表着交通机械装备运维管理的发展方向。通过跨学科技术融合,建立具备自感知、自诊断、自决策、自恢复能力的智能化系统,可以显著提高交通装备的安全性、可靠性和经济性。这不仅是装备设计制造和运维管理模式的重大变革,更是国家交通运输体系智慧化转型的重要基石。制定长远发展规划,加大科研投入力度,完善产业配套政策,培养复合型人才队伍,必将推动智能化检测诊断技术在交通机械装备领域的创新发展和广泛应用,为建设安全、便捷、高效、绿色的现代化综合交通运输体系提供强大的科技支撑。

第五章 交通机械装备设计制造与检测技术实践

第一节 典型交通机械装备设计制造案例分析

一、高速列车整车结构设计与优化案例分析

动车组是高速铁路运输中最重要的交通工具之一。为了提高动车组的运行速度和效率，减少能耗，改善乘坐舒适性和安全性，对动车组进行优化设计是极其重要的。本部分通过对某型动车组的优化设计案例分析，探索在满足强度、刚度和动力学性能等设计要求条件下，如何合理优化动车组整车结构。

（一）设计背景与目标

本部分研究对象为某新型高速动车组。该动车组最高运行速度可达350 km/h，采用空气弹簧和二系悬挂结构，车头流线型设计，以降低运行阻力，实现高速平稳运行。

动车组车辆结构复杂，载荷工况多样，设计与优化难度大。本设计针对某型动车组，在满足强度、刚度、动力学性能和安全性需求的前提下，以车体、转向架、牵引系统及制动系统等为优化设计对象，降低车辆重量，提高结构效率，实现轻量化设计。同时，优化动力学性能和流线型外观设计，降低空气阻力，提高高速运行平稳性。

（二）动车组车体的优化设计

1. 车体结构设计

车体是动车组的主要承力结构，其设计的合理性直接影响车辆的安全性、可靠性和乘坐舒适性。本设计采用轻量化全铝合金车体，通过大量使用高强度铝合金型材，代替传统的碳钢材料，在保证车体强度和刚度的同时，大幅降低结构重量。通过有限元分析验证，全铝车体的强度和刚度均满足设计要求。

车体整体采用大断面中空铝合金型材沿车长方向贯通布置，屋顶、侧墙、端墙等采用铝合金板材，通过焊接、粘接和铆接等工艺连接。在车体下部设置承力大梁结构，用于传递转向架的载荷，优化大梁截面尺寸及布置，以提高承载效率。

在车体端部设计吸能装置，降低对车内乘客的伤害风险。车体内饰尽量采用轻质环保材料，提高乘客舱内的舒适性和安全性。

2. 车头外形优化

车头作为动车组的流线型头部，其外形设计直接决定了列车的空气阻力。本设计利用计

算流体动力学(CFD)模拟车头不同外形的气动性能,并在满足美学造型需求的基础上,优选出阻力最小的流线型方案。

通过分析不同头型的速度场分布可知,列车高速运行时,在车头迎风面、车底底部等区域容易形成流动分离,产生较大的压力差和涡流,导致阻力增加。而平滑的流线型车头可以使气流更加紧贴车体表面,减小分离区域,从而降低阻力。优化后的车头外形在 350 km/h 运行速度下比常规设计降低了约 8%的阻力。

3. 车窗、车门及间隙优化

车窗玻璃、车门、车间连接处间隙等部位是车体的薄弱环节,设计应充分考虑气密性和水密性问题,同时在高速下会产生气动噪声。

首先,在车窗玻璃选型时,在满足强度和刚度要求的情况下,合理设置玻璃厚度及曲率,既要保证良好的气密性,防止气流产生缝隙噪声,又要避免玻璃过厚而增加车体重量。

其次,车门与车体之间应设置合理间隙,并采用高强度、耐老化的橡胶密封条,在车门开闭时能够自动补偿间隙,确保良好的密封性。车门机构设计时也要避免在高速运行中产生异响或振动。

最后,车间连接处、走行部件与车体之间等处也容易产生气动噪声。在设计中,应针对气流分离区域进行流线型优化和平顺过渡处理,选用合适的隔音和缓冲材料,有效降低噪声。

(三)转向架结构的轻量化设计

转向架是动车组的重要走行部件,其质量占整车的 30%以上。转向架的轻量化设计可以显著降低动车组整备质量,减少能耗。但转向架工作环境恶劣,需要在满足强度、刚度和疲劳寿命等要求的前提下进行轻量化优化设计。

1. 构架优化设计

转向架构架是用于支撑车体和传递车轮载荷的关键结构,其设计的合理性直接影响转向架性能。本设计采用中空结构的高强度低合金钢焊接构架,在关键受力部位增加加强筋和连接板,保证足够的强度和刚度。通过优化横梁、纵梁及牵引拖杆等结构布置,减少应力集中,提高承载效率,进而降低构架质量。

在满足强度要求的前提下,对构架非关键部位进行开孔、减薄处理,以进一步减轻重量。利用拓扑优化和尺寸优化方法优化构架,在减轻结构自重的同时提高了结构性能。

2. 悬挂系统优化

转向架初级悬挂和二系悬挂的设计影响车辆的平稳性和乘坐舒适性。本设计在传统的空气弹簧二系悬挂基础上,增加横向减振器,抑制转向架的晃头和摇头振动,提高高速运行平稳性。

在一系悬挂中,采用轻量化设计的空气弹簧,通过优化橡胶材料配方和弹簧结构参数,在保证竖向刚度的同时,适度降低横向刚度,改善转向架通过曲线和道岔时的导向性能。悬挂系统的摩擦阻尼元件也进行了减重设计,在保证阻尼性能的前提下,减轻了自重。

3. 传动系统优化

动车组传动系统主要包括牵引电机、减速机、轮对等,其质量约占转向架总质量的 40%。通过采用永磁同步电机,简化传动系统,减少了电机体积和质量。在满足传动扭矩和强度要求的前提下,对电机壳体、转子和定子等进行优化,改善散热条件的同时降低质量。

轮对是动车组的关键部件,直接承受轨道载荷,传递牵引力和制动力。在材料选择上,采用高强度的轮对钢,在保障使用寿命的前提下,通过优化轮轴的中空结构设计,降低轮对质量。

(四)牵引与制动系统优化

1. 牵引系统优化

本设计采用分散式牵引系统,每个动力转向架配置 4 台牵引电机,全车共 8 台,较集中式牵引方式显著降低了设备重量。在电机选型时,选用了功率密度高、重量轻的永磁同步电机,通过优化电机定子绕组和转子永磁体设计,在保证牵引性能的同时,有效降低电机质量。

在牵引逆变器选型时,采用了新型碳化硅(SiC)功率器件,与传统的绝缘栅双极型晶体管(IGBT)相比,新型碳化硅器件具有高频、低损耗和高稳定性的优点,可有效提高逆变器效率,降低设备发热,从而减小散热器体积和重量。

2. 制动系统优化

本设计采用电制动与空气制动相结合的制动方式。优先利用牵引电机的再生制动,将车辆动能转化为电能,实现能量回收利用。在再生制动力不足时,辅以空气制动,确保列车的制动性能。

空气制动采用轻量化设计的小排量空压机,优化压缩机结构,在满足制动力需求的情况下,尽量降低设备质量。对制动缸、制动盘等关键部件进行结构优化,在保证制动性能和可靠性的基础上进行轻量化设计。通过合理匹配空气弹簧参数,利用其垂向刚度变化实现列车制动力的自动调节,简化了控制系统。

(五)设计验证与性能评估

1. 强度与刚度验证

利用有限元分析软件,对优化后的车体、转向架构架等关键结构进行强度与刚度验证。在典型工况下,对结构进行静强度分析,考察应力水平和变形量是否满足设计要求。通过疲劳强度分析,验证结构在长期交变载荷作用下的疲劳寿命能否达到使用年限要求。模态分析用于计算结构的固有频率,通过频率避让设计,防止结构共振。刚度分析主要考察在外载荷作用下结构的变形量是否在允许范围内。

分析结果表明,优化后动车组的整车及各部件强度和刚度均满足设计要求,在降低质量的同时,保证了车辆的可靠性和安全性。

2. 动力学性能仿真

利用车辆动力学仿真软件,搭建动车组整车动力学模型,分析优化设计对车辆动力学性能的影响。基于实测线路参数,在直线、曲线和不平顺轨道上对动车组进行动力学仿真,获取车辆的振动加速度、脱轨系数、轮轨力及平稳性等指标。

仿真结果表明,优化后动车组在高速运行工况下,车体和转向架振动加速度满足旅客舒适度要求,脱轨系数和轮轨力等安全指标均优于设计限值。转向架的高速稳定性和通过曲线及道岔的动力学性能也得到了改善。

3. 气动性能验证

采用计算流体动力学(CFD)方法,对优化后的动车组气动外形进行气动性能验证。搭建数值仿真模型,模拟动车组在 350 km/h 速度下的三维湍流流场,计算空气阻力系数。通过分析动车组表面的压力分布、流线形态和尾流结构,评估气动升力、横风稳定性等指标。

仿真结果显示,优化后的流线型车头外形可有效降低了动车组的阻力系数,减小了运行阻力。合理的车身断面设计和车间密封,有效抑制了车体周围的涡流和尾流,降低了气动噪声,提高了横风稳定性,改善了高速气动性能。

(六)实车试验验证

为进一步验证优化设计的可行性和有效性,对制造的动车组样车进行了线路试验。在高速综合试验线上,测试动车组的牵引、制动、走行平稳性等性能指标,考核动车组在不同速度等级下的动力学和气动性能,测试转向架通过曲线、道岔等线路的通过性能,检验设计的可靠性。

在环形线和高速线上,对动车组进行长期运用考核,验证车辆结构的疲劳耐久性,检验设备的可靠性。通过长期运行考核,进一步暴露设计缺陷,为后续优化完善提供数据支撑,最终形成成熟可靠、性能优异的动车组设计方案。

车体方面,采用全铝合金轻量化设计,并对车头外形、车窗及密封等部位进行气动优化,降低了运行阻力。转向架采用轻量化高强度材料,优化构架结构和悬挂参数,在降低质量的同时,改善高速运行平稳性。牵引和制动系统选用永磁同步电机和新型碳化硅功率器件,提高了传动效率,实现了再生制动的能量回收。

高速动车组作为我国高速铁路的主力车型,其优化设计对于提升高铁整体性能具有重要意义。本部分通过某型动车组的设计案例,重点介绍了在车体、转向架、牵引与制动等关键系统的优化设计方法,在保证动车组强度、刚度和动力学性能的基础上,实现了轻量化和节能化设计。

试验结果表明,优化设计的动车组在最高速度 350 km/h 下运行平稳,牵引加速度和制动减速度满足设计要求,车内噪声控制在舒适范围内。转向架通过各种线路条件顺畅,动力学性能良好。

二、重型卡车动力系统匹配设计案例分析

重型卡车在公路货运领域发挥着重要作用,其动力性能和经济性直接影响运输效率和成本。合理匹配发动机、变速箱和主减速器等动力系统参数,对于提升重卡的动力性、经济性和可靠性具有重要意义。本部分以某重型卡车为研究对象,针对其动力系统进行了匹配优化

设计。

(一)重型卡车动力系统设计目标与约束

研究对象为某 8×4 载重型自卸卡车,额定载质量为 50 t,需要兼顾良好的动力性、经济性和通过性。针对该车的使用工况,确定以下动力系统匹配设计目标:

1. 动力性指标:0~60 km/h 加速时间不大于 25 s,最大爬坡度不小于 40%,满载时最高车速不低于 60 km/h。

2. 经济性指标:百公里燃油消耗量不大于 50 L。

3. 通过性指标:最小离去角不小于 15°,最小通过水深不低于 500 mm。

4. 其他指标:动力系统布置紧凑合理,与底盘其他部件无干涉;动力输出平稳,加速无顿挫感;与整车可靠性和使用寿命相匹配。

在满足以上设计目标的同时,动力系统匹配还需考虑以下约束条件:

1. 发动机选型:功率需满足整车动力性和经济性要求,同时尺寸和重量要与车辆布置相适应。

2. 变速箱选型:变速比和级数需匹配发动机特性和使用工况,传递扭矩需满足强度要求。

3. 主减速器选型:减速比需与变速箱级数相配合,传递扭矩满足强度要求。

4. 轮胎选型:需满足承载能力和使用寿命要求,滚动半径需与动力系统匹配。

5. 车辆参数约束:车辆自重、载重量、外形尺寸等参数已确定,匹配时需予以考虑。

综合考虑设计目标和约束条件,采用多目标优化设计方法,在参数空间内寻求最优的动力系统匹配方案。

(二)重型卡车动力系统参数匹配流程

重型卡车动力系统参数匹配是一个复杂的系统工程,需综合考虑动力性、经济性和可靠性等因素,涉及发动机、变速箱、主减速器、车轮等多个子系统。匹配流程一般包括以下几个关键步骤:

1. 整车参数分析

根据车辆的运输任务和使用工况,确定整车的基本参数,如车辆总质量、额定载质量、最高车速、动力性指标、经济性指标等,为动力系统匹配提供输入条件。

2. 车辆行驶阻力计算

根据车辆的基本参数,分析计算车辆在不同工况下的行驶阻力,包括滚动阻力、空气阻力、坡道阻力和加速阻力等,确定车辆功率需求。采用经验公式法和仿真分析法相结合,提高阻力计算精度。

3. 发动机选型与特性分析

根据车辆功率需求,选择合适的发动机,考察其功率、扭矩、燃油消耗率等性能参数是否满足需求。通过试验测试和仿真分析相结合的方法,获取发动机在不同工况下的油耗特性曲线、外特性曲线等,用于后续的经济性评估。

4. 变速箱和主减速器选型

变速箱和主减速器的选择需要与发动机特性相匹配,并满足车辆的动力性和经济性要求。首先根据车辆最高车速和发动机特性,确定主减速器速比范围。然后利用递推法、插值法等,合理确定变速箱各挡位速比和级数,绘制行驶功率平衡图,分析动力性能和经济性能。

5. 动力传动系统参数优化

在初步选定发动机、变速箱和主减速器型号的基础上,采用参数寻优方法,在参数空间内搜索最优的动力系统匹配方案。常用的优化算法有遗传算法、粒子群算法等。引入加权目标函数,兼顾动力性和经济性的权衡,并将可靠性、轻量化等因素作为优化约束条件。

6. 匹配方案综合评估

对优化得到的多个备选匹配方案,进行综合评估和比选。通过计算机仿真分析,评估方案的加速性能、爬坡能力、燃油经济性等指标,并与优化目标对比,筛选出最优的匹配方案。

7. 台架试验与整车验证

对优选的动力系统匹配方案,首先进行台架试验验证。搭建发动机、变速箱和主减速器组合的试验台架,测试其动力性、经济性、稳定性等性能,并检验零部件的可靠性和耐久性。在台架验证通过后,再进行整车道路试验,在实际工况下考核动力系统匹配效果,同时完成整车标定。

(三)某重型卡车动力系统匹配优化设计案例

针对某 8×4 重型自卸卡车,按照前述动力系统匹配流程,开展了匹配优化设计。

1. 确定整车参数

该车基本参数如下:

车辆总质量:70 000 kg;

额定载质量:50 000 kg;

最高车速:75 km/h;

最大爬坡度:40%;

最小离去角:15°;

最小通过水深:500 mm。

2. 计算行驶阻力

采用经验公式法计算车辆行驶阻力。在满载、空载和部分载荷等典型工况下,分析不同速度和坡度条件下的车辆牵引力需求。通过仿真分析,得到不同路面附着系数下的稳态回转半径,以评估通过性需求。

3. 选择发动机

根据车辆的功率需求,初步选定三款功率范围在 280~420 kW 的柴油机作为备选对象。通过试验测试获取三款发动机的燃油消耗率曲线、外特性曲线等性能数据。采用加权目标函数法,兼顾发动机的功率输出和燃油经济性,优选出某国六发动机作为动力匹配对象。该发动机额定功率为 353 kW,最大输出扭矩为 2 300 N·m,在 1 200~1 700 rpm 区间内有较宽的恒功率特性。

4. 匹配变速箱和主减速器

根据发动机特性曲线和车辆的最高车速要求,确定主减速器速比范围为 3. 5~6. 5。采用递推法设计变速箱,初步确定 8 挡变速箱方案,倒挡 1 个,前进挡 7 个。利用插值法生成多组变速箱和主减速器搭配方案,重点评估了直接挡、超速挡和高速挡的速比搭配。绘制了各挡位的行驶功率平衡图,分析爬坡能力、加速性能和燃油经济性。

5. 优化动力系统参数

在初步匹配方案的基础上,以加速时间、百公里油耗、爬坡度等为优化目标,采用遗传算法对变速箱速比和主减速器速比进行优化求解。目标函数中,加速性能权重 0. 4,燃油经济性权重 0. 4,爬坡能力权重 0. 2。经过 100 代迭代优化,得到了 5 组满足设计要求的备选匹配方案。

6. 综合评估备选方案

利用 Cruise 软件,搭建整车动力学模型,对 5 组备选匹配方案进行了加速性能、燃油经济性、爬坡能力的仿真分析。引入量化指标,对备选方案进行综合评分,最终优选出 1 组最优匹配方案:8 挡变速箱,倒挡速比为 8. 12,前进挡速比依次为 7. 29、5. 27、3. 81、2. 74、1. 95、1. 38、1. 00,主减速器速比为 4. 75。仿真结果表明,0~60 km/h 加速时间为 22. 3 s,百公里燃油消耗为 36. 5 L,40%坡度时,车速不低于 15 km/h。动力性、经济性指标均满足设计要求。

7. 搭建试验台架与整车验证

为验证优化匹配方案的可行性,搭建了发动机、变速箱和主减速器的联合试验台架。试验测试表明,动力系统工作平稳,扭矩传递响应迅速,加速过程无冲击和顿挫感。台架保载 3 000 h,模拟重载工况,主要零部件无异常磨损和疲劳失效,压力和温度等参数稳定正常。

在整车样车上,实车道路验证优化匹配方案。在典型路面工况下,测试了动力性、经济性和平顺性等指标,均满足设计要求。爬坡路段车速平稳,最低车速约 18 km/h。加速响应迅速,换挡平顺无顿挫。百公里油耗为 38. 2 L,优于优化目标值,接近仿真值。经长期道路运营考核,动力系统各参数稳定,运行可靠。

本部分以某重型卡车为例,基于参数匹配优化方法,对搭载发动机、变速箱和主减速器的动力系统进行了匹配设计。在兼顾动力性和经济性的基础上,采用多目标优化算法,得到了速比合理、性能优异的匹配方案。

台架试验与整车验证表明,优化匹配后的动力系统,具有较强的动力性和良好的燃油经济性,爬坡能力、加速性能、动力平顺性等动力性指标明显提升,而油耗水平显著改善,百公里油耗优于优化目标,与仿真值基本吻合,体现了优化匹配的有效性。

动力系统是重型卡车的核心总成,其参数匹配设计对整车性能具有决定性影响。本案例从动力性、经济性等多目标出发,建立了系统的匹配优化流程,充分发挥优化算法的寻优能力,可为同类重卡的动力系统匹配设计提供理论指导与实践经验。

在后续研究中,可进一步深化动力匹配与车辆轻量化、智能化的融合,开发轻量化材料与结构在动力系统部件中的应用，建立智能化的整车能量管理策略与换挡控制逻辑，实现重卡动力系统设计的集成化、系统化，全面提升重型商用车的性能水平与市场竞争力。

三、工程机械液压系统设计与仿真分析案例

液压系统是工程机械的核心动力元件，其性能的优劣直接影响机械的作业效率、可靠性和燃油经济性。合理设计和优化液压系统，对提升工程机械的综合性能具有重要意义。本部分以某 25 t 液压挖掘机为例，针对其动臂、斗杆和铲斗等作业装置的液压系统进行了设计与仿真分析，为液压挖掘机的研发提供参考。

（一）液压挖掘机工作装置与液压系统组成

1. 工作装置组成与运动分析

某 25 吨液压挖掘机采用常规的三大件工作装置，包括动臂、斗杆和铲斗。动臂铰接在回转平台上，绕动臂销铰接点上下摆动；斗杆铰接在动臂前端，绕斗杆销铰接点摆动；铲斗与斗杆前端铰接，绕铲斗销转动。三者协同运动，完成挖掘、起升、卸载等作业动作。

通过对挖掘机的运动学分析，确定各作业装置的运动范围和速度、加速度要求。动臂最大起升角度为 45°，最大起升速度 1.5 rad/s；斗杆最大伸缩角度为 120°，最大伸缩速度 1.8 rad/s；铲斗最大转动角度为 160°，最大卸载速度 2.0 rad/s。结合整机功率参数，计算各执行元件所需流量和压力，为优化设计液压系统提供输入参数。

2. 液压系统组成

挖掘机采用负载敏感型开式液压系统，系统主要由双泵合流供油、多路阀控制、大流量比例多路阀、压力补偿阀、先导操纵阀、液压缸等组成。

双泵合流供油系统由两个变量型柱塞泵并联组成，泵排量可根据负载压力和流量需求自动调节，实现流量的高效利用和节能降耗。泵的最大排量之和可满足工作装置在最大负载工况下的流量需求。

采用多路阀控制各执行元件，每个作业动作由一个大流量比例多路阀控制。多路阀采用负载压力信号控制，可实时调节阀口开度大小，实现对执行元件速度和方向的精确控制。压力补偿技术保证了在不同负载状态下，执行元件均可获得恒定的流量控制特性。

动臂、斗杆、铲斗分别采用两个液压缸同步驱动，保证作业装置运动的稳定和可靠。液压缸采用内置行程传感器，可实时检测活塞杆位移量，实现闭环位置控制。

（二）液压系统建模与仿真分析

1. 液压系统动态特性建模

针对挖掘机的典型工作循环，建立液压系统的数学模型，模拟挖掘、回转卸载、回转复位等作业过程的液压元件动态特性。以多路阀控制的铲斗液压缸为例，其数学模型包括流量方程、连续性方程和力平衡方程等。

以压力和流量为状态变量，采用集中参数法和腔室法建立液压执行回路的非线性微分方程组。多路阀采用经验公式描述流量系数与阀芯开度的非线性关系，压力补偿阀采用压力-

流量特性曲线描述节流孔口面积与压差的非线性关系。考虑液压油的压缩性和管路分布参数特性,采用气体状态方程修正油液的有效体积弹性模量。管路压力损失是用修改后的达西-韦斯巴赫公式计算得出的。

2. AMESim 仿真模型的建立

使用 AMESim 软件建立了液压挖掘机工作装置液压系统的仿真模型。利用液压元件库提供的液压泵、多路阀、压力补偿阀、先导操纵阀、液压缸等模块,通过合理设置元件参数,构建与物理系统结构相对应的总体仿真模型。

针对挖掘、回转卸载、回转复位三个典型工况,设计输入信号,模拟操纵手柄的动作,配以负载信号,模拟作业装置受到的挖掘阻力、惯性载荷等。通过试凑法确定液压元件的初始参数,包括泵排量、多路阀节流面积、压力补偿阀开启压力、液压缸内径与活塞杆直径等。

3. 液压系统仿真分析与优化

利用 AMESim 搭建的仿真模型,对液压系统进行瞬态特性分析。重点关注系统压力、流量的动态响应,各执行元件的位移、速度跟随特性,泵、阀等元件的功率损耗等。分析液压冲击、压力波动、瞬态过载等问题产生的原因,评估其对系统性能和可靠性的影响。

根据仿真分析结果,针对性地优化液压元件参数和控制策略。采用正交试验设计,研究泵排量、多路阀开口面积、压力补偿阀开启压力等参数对系统动态特性的影响规律。筛选性能较优的元件参数组合,在此基础上,进一步优化多路阀的开闭时序,降低泵、阀的功率损耗。通过液压蓄能器、管路直径等的合理设计,抑制压力波动和液压冲击。

(三)液压挖掘机样机试制与试验验证

1. 样机的试制

根据优化后的液压系统方案,试制一台 25 t 液压挖掘机样机。采用国产品牌液压元件,包括柱塞泵、大流量比例多路阀、压力补偿阀、先导操纵阀等。其中,多路阀采用带压力传感器的比例电磁铁控制,实现电液比例控制;先导操纵阀采用四联手柄,集成多路阀控制手柄和回转平台操纵手柄,实现单手多自由度控制。液压执行元件与整机各机械部件连接牢固可靠,液压管路合理布置,便于安装与维修。

2. 液压系统性能试验

在样机上,对优化设计的液压系统进行台架试验和整机作业试验,重点考核其动态响应特性和节能特性。

在液压台架上,测试系统在标准工况下的压力、流量响应,考察多路阀的开关特性、压力补偿效果等。测试结果表明,液压元件动态响应迅速,实测压力、流量曲线与仿真值吻合度高。多路阀开关迅速,压力补偿阀能够有效稳定负载压力,保证执行元件运动平稳。

在整机作业试验中,对挖掘机进行挖掘、起升、回转卸载等典型作业循环,测试动臂、斗杆、铲斗执行元件的位移、速度控制精度,评估作业效率和燃油消耗。试验表明,执行元件速度平稳,位移误差小于 5%,多路阀协调控制性能良好。与传统恒功率系统相比,负载敏感系统可有效降低泵功率损耗,油耗下降 15%以上。

3. 长期可靠性验证

对样机进行一个月的连续工作考核，每天 8 h 工作制，模拟不同地形和土质条件，评估液压系统的可靠性和寿命水平。考核结果显示，液压元件运行稳定可靠，密封可靠，无泄漏和异常磨损。高压胶管和管接头表面无局部变形和开裂，管路连接牢固。活塞杆表面光洁，无卡涩现象。通过对油液的取样分析，污染度控制良好，油液理化性能稳定。

在液压挖掘机样机上，开展了液压系统性能的台架试验和整机作业试验，重点考核多路阀的动态响应特性、压力流量控制精度、执行元件的运动平稳性等。试验结果表明，优化后的液压系统具有良好的动态性能和节能特性，执行元件速度平稳，多路阀压力补偿效果良好，油耗显著降低。经长期工况考核，液压元件运行可靠，系统具有较高的可靠性水平。

本部分以某 25 t 液压挖掘机为例，重点介绍了其工作装置液压系统的优化设计与仿真分析方法。针对多路阀控制的开式液压系统，搭建 AMESim 仿真模型，分析液压元件的动态特性和功率损耗，优选出性能较优的元件参数组合，并优化多路阀的控制策略和管路设计，抑制了液压冲击和压力波动。

案例研究表明，基于高保真动态仿真模型的液压系统优化设计方法，可有效指导液压挖掘机等工程机械产品的开发。未来，要进一步加强液压元件设计、制造工艺与材料的基础研究，研发高性能密封装置和精密伺服控制阀，全面提升液压元件的性能水平。针对新型非道路移动机械，开展电液智能控制系统和无人驾驶液压控制系统的研究，促进液压传动与机电一体化、智能化技术的深度融合，不断拓展液压技术在工程机械领域的应用广度和深度。

第二节 先进交通机械装备检测技术应用案例

一、高速列车转向架无损检测技术应用案例

高速列车转向架是保证列车安全运行的关键部件，其结构复杂，工作环境恶劣，在长期载荷作用下易产生疲劳、断裂、磨损等损伤。采用无损检测技术对转向架进行状态监测和失效诊断，对于及时发现隐患、预防事故、保障列车运行安全至关重要。本部分重点介绍高速列车转向架常见缺陷的无损检测方法，并结合工程应用案例分析其适用条件和检测效果。

（一）高速列车转向架常见失效模式及检测难点

1. 构架裂纹

转向架构架是主要受力部件，在反复载荷作用下易产生疲劳裂纹。裂纹多发生在应力集中区域，如横梁与纵梁连接处的焊缝附近，牵引拖杆安装座等。裂纹初期尺寸小、扩展缓慢，不易被发现，但随着运行里程的增加，在交变应力作用下会迅速扩展，严重时可导致构架断裂，引发重大事故。

构架多采用箱形截面的焊接结构，内部空腔狭窄，检测面积大，人员不易进入，给无损检测带来困难。裂纹初期尺寸小于 1 mm，对检测方法的灵敏度要求高。需要在列车检修时间

窗口内快速完成全构架的检测,对检测效率提出挑战。

2. 轴箱轴承磨损与润滑不良

轴箱轴承是转向架的关键旋转部件,在高速、重载运行条件下,轴承内圈与滚动体间的剧烈碰撞易引起表面点蚀,塑性变形引起的振动会加剧磨粒磨损,同时高温环境导致润滑脂老化变质,油膜失效诱发黏着磨损,轴承磨损加剧将引发热端、咬死等故障,影响行车安全。

轴箱轴承内部结构复杂,检测面积大,检测信号易受噪声干扰,常规检测方法难以区分轻微缺陷。轴承故障发展具有缓变过程,在线检测要求能够捕捉轴承状态的微小变化。车载环境恶劣,检测设备需要有较强的环境适应性和可靠性。

3. 轮对疲劳损伤

轮对是转向架的核心部件,直接承受来自钢轨的冲击和振动载荷,在复杂应力状态下长期工作,车轮踏面和轮缘处易产生滚动接触疲劳、热疲劳等损伤,引起剥离、龟裂等缺陷。车轴也会发生弯曲疲劳、应力腐蚀等损伤,出现径向疲劳裂纹、局部塑性变形等。

轮对疲劳裂纹初期难以察觉,常隐藏于车轮踏面、轮缘根部等位置。车轮内部容易积累残余应力,干扰缺陷信号。现场检测环境噪声大,耦合条件差,对信噪比提出较高要求。轮对运行里程长,检测数据量大,亟须建立轮对健康状态评估和剩余寿命预测模型。

(二)转向架构架无损检测方法及工程应用

1. 超声导波检测

超声导波技术利用超声波在板材、管材等细长构件中的导波传播特性,实现对大面积构件的快速检测。导波信号对结构缺陷敏感,通过分析导波信号幅值、相位等参数的变化,可判断缺陷的位置和范围。

在高速列车转向架构架检测中,采用夹装式电磁声换能器(EMAT)激发导波。检测前,在构架主要区域布置永久磁铁阵列,构建导波检测通道。利用 EMAT 的无耦合特性,实现构架表面的扫查检测,一次测试可覆盖横梁、纵梁、牵引座等多个区域,大幅提高检测效率。

利用导波频散特性,优选激发频率,减小横向声束发散,提高检测灵敏度。采用分区扫查方式,结合时频域信号处理,抑制噪声干扰,提高信号识别能力。

工程应用表明,超声导波检测可识别裂纹、焊接质量不良等构架典型缺陷,定位误差小于 20 mm,检出灵敏度优于 0.5 mm 深度裂纹。检测速度是常规手持式超声检测的 5 倍以上,能够满足转向架检修周期要求。

2. 涡流阵列检测

涡流检测对结构表面及近表面金属缺陷敏感,通过分析线圈阻抗的变化,可对缺陷进行定性定量分析。涡流阵列技术采用多个检测线圈组成阵列传感器,可显著提高检测效率,增强缺陷识别能力。

针对转向架横梁、纵梁表面区域,设计柔性涡流阵列探头,探头尺寸与构架表面匹配,可实现曲面区域的自适应检测。阵列中检测线圈尺寸与排列经过优化,既保证了较高的扫查分辨率,又兼顾了检测深度。探头采用双频激励方式,高频信号用于检测表面微小缺陷,低频信号提高检测深度。

在检测过程中，采用手持方式对构架表面进行连续扫查，扫查轨迹与缺陷走向垂直，保证缺陷漏检概率最低。阵列探头可快速获取大面积区域的涡流信号，采用自适应滤波算法抑制探头提离噪声，结合神经网络分类算法，实现缺陷的自动识别与定量评价。

现场试验表明，涡流阵列检测技术可识别构架表面 1 mm×0. 2 mm 尺度的疲劳裂纹，定位精度优于 3 mm，检测速度达 0. 3 m^2/min，满足现场检测效率要求。

（三）轴箱轴承故障在线检测技术及应用

1. 声发射检测

声发射信号频率高、持续时间短，能够反映材料内部微观断裂、位错运动等动态过程。利用声发射技术对轴承运行状态进行监测，可及时发现轴承早期损伤，实现状态预警。

在每个轴箱轴承旁安装 1～2 个声发射传感器，传感器频率响应范围为 50 kHz～400 kHz。采集轴承在不同转速、载荷下的声发射信号，提取振幅、能量、脉冲个数等特征参数，建立与轴承磨损程度的映射模型。利用小波包分解方法，提取轴承不同损伤阶段的声发射特征频率，实现损伤模式的识别。

京沪高铁某动车组轴箱轴承开展了声发射检测应用研究。现场试验表明，当轴承早期点蚀面积占滚道面积的 1%时，声发射信号中宽频脉冲显著增多，脉冲峰值增大 30%以上。当润滑油污染、黏度异常时，声发射信号的平均幅值比正常状态高 1 倍以上。基于全寿命周期检测数据，建立了轴承剩余寿命预测模型，可提前 1 万公里预警轴承失效风险。

2. 振动信号深度学习诊断

轴承不同失效模式及其演化过程具有复杂的振动响应特征。采用深度学习算法对轴承振动信号进行分析，可挖掘蕴含在海量监测数据中的状态退化规律，显著提高故障预警的准确性和实时性。

利用强化学习算法，自适应优化数据采集参数，减少信息冗余。在时频域对轴承振动信号进行预处理，结合小波变换和经验模态分解，抑制噪声，提取敏感特征。引入一维卷积神经网络（1D CNN）和 LSTM，构建轴承故障诊断模型，可同时挖掘局部和全局的状态退化特征，适应轴承故障的多阶段、动态演化过程。

在某高铁线开展了轴承故障诊断试验研究。搭建了列车牵引系统和轴箱轴承的测试平台，获取不同健康状态下的轴承振动数据，样本量达数百吉比特。试验结果表明，基于深度学习的轴承故障诊断模型可识别出 90%以上的轴承损伤，提前 1 万千米预警严重磨损与润滑失效，较传统机器学习方法故障检出率提高 20%以上。在线检测系统已在数十列高速列车上应用，运行稳定可靠。

（四）车轮车轴无损检测技术及工程应用

1. 相控阵超声检测

相控阵超声技术通过控制阵元的延时激励，在不移动探头的情况下实现超声波的扫查聚焦，检测灵敏度高、效率高，能够实现缺陷的三维成像。

针对车轮踏面疲劳损伤检测,采用低频宽带相控阵探头,优化阵元尺寸和排列,激发频率0.5 MHz~2 MHz,在近场区实现高分辨率成像。探头采用可变角度支架,与车轮踏面耦合,激励角度可调,增强超声波透射能量。检测过程中,采用虚拟孔径聚焦技术,抑制材料衰减和声束发散,提高缺陷分辨率。声像采用三维可视化显示,直观展示缺陷的空间位置、尺寸和形貌。

针对车轴检测,采用高频环阵超声探头,在轴颈和轴身等关键截面进行360°扫查。超声波频率范围2 MHz~5 MHz,聚焦深度覆盖轴径的1/2~2/3。检测数据采用全矩阵采集方式获取,利用全聚焦算法处理,减小声束能量衰减,克服车轴材料各向异性影响。

工程试验表明,相控阵超声检测可识别车轮踏面20 mm^2 面积的剥离、2 mm深度的热疲劳裂纹,检出率达95%;对车轴疲劳裂纹的检出灵敏度达0.5 mm,定位误差小于1 mm。现场检测效率是常规手动超声检测的3倍以上,已在动车组检修基地广泛应用。

2. 磁记忆无损检测

磁记忆效应是材料在外加载荷作用下,其内部磁化状态发生不可逆改变并被“记忆”的现象。材料的早期疲劳损伤会引起磁化状态的局部变化,通过测量材料表面的磁记忆信号,可实现疲劳损伤的早期预警。

利用磁记忆传感器阵列,对车轮踏面、轮缘等区域进行连续扫查。传感器频率响应范围为0~1 kHz,灵敏度优于0.1 A/m。设计双通道差分式传感器,抑制环境磁场干扰。对采集的磁记忆信号进行去噪处理,提取幅值、梯度等特征参数,构建车轮疲劳损伤分类模型。

为克服铁磁性材料的磁畴干扰,采用主动消磁技术,利用强磁场“擦除”车轮材料的应力历史,获得稳定的初始磁化状态。结合磁记忆检测数据,评估车轮材料的退磁特性,建立材料性能劣化规律。

现场试验表明,磁记忆检测对车轮疲劳裂纹的检出灵敏度达0.2 mm,定位精度优于5 mm。基于磁记忆信号统计特征,构建的车轮疲劳寿命预测模型可提前1万公里预警严重疲劳损伤。该技术已应用于上海地铁车轮检测,并在高铁动车组逐步推广。

本部分重点介绍了高速列车转向架无损检测技术的工程应用,主要针对构架疲劳裂纹、轴箱轴承早衰、车轮车轴损伤等关键部件,分别采用超声导波、涡流、声发射、振动和磁记忆等检测方法,研究缺陷信号特征提取、损伤模式识别、寿命预测等关键技术,形成了适应现场检测需求的综合解决方案。

工程应用表明,采用超声导波检测构架裂纹,检出灵敏度达0.5 mm,检测效率提高5倍以上;涡流阵列检测可识别1 mm×0.2 mm尺度的表面裂纹,检测速度达0.3 m^2/min;声发射可提前1万公里预警轴承早期损伤;基于深度学习的轴承故障诊断模型检出率提高20%以上;相控阵超声检测车轮裂纹的检出率达95%,检测效率提高3倍;磁记忆检测车轮疲劳裂纹的灵敏度达0.2 mm,可提前1万千米预警严重损伤。

二、公路桥梁健康监测系统集成应用案例

公路桥梁是交通基础设施的重要组成部分，其健康状态直接关系到通行安全和运输效率。然而，在车辆超载、环境侵蚀、自然灾害等因素的长期作用下，桥梁结构易发生损伤和性能退化，引发安全事故，造成重大经济损失。开展桥梁健康监测，利用先进的传感与测试技术，实时获取桥梁的受力、变形等状态信息，对及时发现安全隐患、指导养护决策、延长使用寿命具有重要意义。本部分结合某特大桥健康监测系统的建设案例，重点探讨大型桥梁结构安全的多参数在线监测及评估方法，为类似工程提供参考。

（一）某特大桥概况与监测需求分析

某特大桥为双塔双索面斜拉桥，全长 1 288 m，主跨 768 m，桥面宽度 41.5 m，设计为双向八车道。桥塔采用倒“Y”造型的混凝土结构，塔高 298 m。主梁采用钢-混组合梁，拉索采用平行钢丝束。

作为重要的跨江通道，该桥承载交通量大，超载车辆频繁，运营安全风险高。塔-索-梁体系的非线性力学行为复杂，外部温度、风荷载等环境因素变化显著，局部构件易发生疲劳损伤。为全面掌控桥梁结构的安全状态，需建立涵盖重要部位与荷载效应的多参数监测体系，实现结构的全生命周期健康管理。

通过对该桥结构特点及服役环境的分析，确定监测需求如下：

1. 实时获取主梁、主塔、拉索等关键构件的应力、应变状态，识别局部构件损伤，评估承载性能。
2. 动态监测主梁、主塔在交通荷载、风荷载作用下的振动响应，评估使用舒适度。
3. 监测关键截面的位移、倾斜，识别结构的整体变形趋势，预警失稳风险。
4. 探测桥面沥青层、钢箱梁的温度场，分析温度效应，补偿温度应力。
5. 实时采集车辆的荷载谱、交通流量等通行状态参数，评估累积疲劳损伤。

监测数据应进行统一管理，并综合分析评价桥梁健康指数。监测系统应具备数据远程传输、报警、维护等功能，便于管理人员实时掌控运营状态。

（二）监测系统的传感器选型与布置

根据监测需求，针对主梁、主塔、拉索、桥面等不同监测对象，综合采用光纤传感、振弦传感、电阻应变、GPS 等多种类型的传感器，构建全桥“立体化”的监测系统。

1. 主梁的应变及振动监测

采用布里渊光纤应变传感器对主梁顺桥向、横桥向应变进行分布式测量。传感器波长 1 550 nm，应变灵敏度 1.2 pm/$\mu\varepsilon$，测量范围±4 000 $\mu\varepsilon$，频率响应 1 kHz。在主梁 1/4、1/2、3/4 跨截面处，沿钢腹板、底板粘贴光纤传感器阵列，间距 1 m，实现应变的高密度监测。同时，在关键截面安装±2 g 量程、灵敏度 1 V/g 的 IEPE 型加速度传感器，采样频率 1 000 Hz，监测主梁在动荷载下的振动响应。

2. 主塔的倾斜及位移监测

在主塔塔顶和1/4、1/2、3/4高度处，安装双轴倾斜传感器，量程±3°，分辨率0.001°，频率响应10 Hz。采用GPS位移传感器监测塔顶的三维位移，定位精度5 mm，采样频率20 Hz。同时，采用加速度计监测塔柱的振动响应，评估主塔的风致舒适度。在横梁与塔柱连接处布设光纤光栅应变计，监测节点应力。

3. 拉索索力监测

每根拉索均安装振弦式索力计，量程1 000 kN，灵敏度0.025 kN，频率响应500 Hz。传感器置于索夹内，避免环境干扰。通过测量拉索的固有频率，推算索力变化。同时，在锚固区布设环形光纤光栅传感器，监测锚具应力，预警锚固失效风险。在拉索表面安装FBG温度传感器，补偿温度效应。

4. 桥面温度监测及荷载采集

采用分布式光纤测温系统监测桥面沥青层温度场。传感器响应时间5 s，空间分辨率1 m，温度范围-40~120℃。在桥面每50 m布设一根光纤传感缆，与路面砂浆层密贴，获得桥面温度的空间分布特征。在桥面两端安装称重式汽车地磅，动态称重精度±3%，采样频率50 Hz，获取车辆的轴载谱，统计车流量，评估疲劳损伤。

传感器选型遵循长期稳定性、可靠性、适应性的原则，高度关注温度、湿度、腐蚀、电磁干扰等环境因素的影响。现场安装时，严格规范布线、防水、防腐等工艺，确保监测数据的连续性和一致性。传感器量程、灵敏度、频响等参数满足监测精度要求，并为后续评估预留裕度。

（三）数据采集、管理与服务平台

1. 分层分布式数据采集

采用“总站-子站-监测单元”的三级分布式拓扑结构，实现多点、异构传感信息的高效汇聚。各监测单元配备一体化采集模块，集成传感器信号调理、A/D转换、数据预处理等单元，实现就地采集。子站负责汇聚和同步监测单元数据，经光纤以太网上传至桥梁现场的监控总站。总站配备工业级服务器，负责数据存储、管理、分析与发布。

数据采集平台具有即插即用、组网灵活、易扩展等特点。采集模块支持光纤、振弦、电阻等多种类型传感器接入，量程、采样率可远程配置。子站支持热插拔，可根据需求灵活增减监测单元。监测网络采用双环冗余拓扑，网络带宽1 GB/s，传输距离20 km，支持断点续传，满足大跨度桥梁的布设要求。

2. 数据分析与健康评估

监测大数据采用关系型数据库与分布式系统架构相结合进行存储管理，并以温度、风速、应变、索力等物理量为索引，构建时空一体的信息模型。自主研发桥梁健康监测数据分析软件，集成统计分析、时频分析、相关分析、趋势预测等功能模块。

针对主梁应变数据，采用有限元数值仿真与监测大数据融合方法，构建主梁结构的应力-应变模型，实现局部构件的应力识别。基于主塔、主梁振动监测数据，采用随机子空间法提取结构的模态参数，并结合环境因素修正，评估结构刚度退化趋势。针对索力监测数据，构建基于互相关分析的多源数据融合模型,识别局部拉索松弛、锚固区损伤等异常工况。

综合考虑主梁、主塔、拉索的应力、振动、位移等指标,建立桥梁结构健康的多指标评价体系。采用改进的层次分析法确定各监测指标权重,建立桥梁安全等级划分标准,形成结构安全的定量评价流程。

3. 监测预警与信息发布

搭建桥梁监测信息化管理与服务平台,纳入全省高速公路运营管理系统。监测数据通过有线/无线方式远程传输至高速公路管理中心,实现跨区域的信息共享。

结合重车超限检测系统,实现车辆荷载与结构响应的关联分析。当识别到超限车辆通行时,系统自动增加主梁、拉索的采样频率,评估结构的动力响应,若超出阈值则向路政部门发布警报,协助执法。

管理平台采用 B/S 架构,支持计算机、平板、智能手机等终端的访问。平台集成桥梁三维 BIM 模型,并与实时监测数据关联,形成可视化的运营监管界面。当结构健康指数低于预设阈值时,系统自动以短信、邮件等方式向管理人员发送预警提示,并给出养护决策参考。

(四)系统集成安装调试与运维管理

1. 系统安装与联调测试

监测系统采用专业化、工厂化的安装模式,严格规范设备机柜布置、综合布线施工工艺,确保系统安装的标准化和一致性。传感器现场定位时,采用激光跟踪仪、全站仪等精密测量设备,保证传感器的空间位置满足设计要求。

系统安装后,采用分级分阶段的调试思路,分别开展传感器、采集模块、子站/总站、监测平台的单机调试和联机测试。传感器调试重点关注灵敏度标定、一致性检验等内容。数据采集调试重点关注数据的完整性、时间同步精度等指标。监测平台调试重点关注数据分析算法的适用性、预警模型的合理性等。调试阶段采用仿真数据与实测数据相结合的方法,逐级开展功能、性能与可靠性验证。

2. 运行维护与性能提升

为保障监测系统的长期稳定运行,制定了常态化的运维管理制度。每日对采集仪表、通信网络开展例行巡检,重点关注传感器失效、数据中断等异常工况。每月开展一次系统联调,分析数据质量,诊断潜在故障隐患。每年开展一次比对试验,利用静力弯曲试验、车辆荷载试验等加载方式,测试传感器精度及系统可靠性。同步开展软硬件升级,及时修复系统漏洞,提升数据处理效率。

围绕监测大数据,持续开展算法研究与功能拓展。采用深度学习算法,挖掘不同物理量数据之间的时空关联特征,实现结构损伤的多参数融合诊断。引入区块链技术,构建监测数据的追溯体系,强化数据安全管理。在数据分析软件中嵌入云计算模块,支持弹性扩充,满足海量监测数据的计算需求。

本部分以某特大桥健康监测系统为例,系统阐述了针对大跨度桥梁结构的多参数在线监测方法。从监测需求分析、传感器选型与布置、数据采集与分析、监测预警与服务、系统集成与运维等方面,构建了完整的桥梁结构健康监测解决方案。实践表明,综合运用光纤、振弦、电阻等多种类型传感器,可获得桥梁主梁、主塔、拉索等关键构件的力-位移响应全息,结合数值仿真分析,实现结构性态的多指标动态评估。分层分布的数据采集体系可满足大跨度桥梁的多点布设需求,监测平台集成的数据管理、质量诊断、智能预警等功能可显著提升运营效率。在后续的研究中,应进一步深化多源异构监测大数据的融合分析,建立结构性能退化的机理模型,形成可解释、能溯源的健康评估理论。同时,监测单元的微型化、低功耗、智能化,传感网络的自愈性、鲁棒性,评估模型的自学习、自适应,也是大型桥梁健康监测系统的关键技术发展方向。

三、港口起重机械结构安全监测案例分析

港口起重机械是港口装卸作业的关键设备,其结构型式多样,运行工况复杂,在恶劣环境中长期服役,易发生结构损伤和性能退化,引发安全事故。开展起重机械的健康监测,实时掌控设备结构状态,对保障作业安全、提高生产效率、降低维护成本具有重要意义。本部分以某港口集装箱起重机为例,重点介绍其金属结构疲劳开裂、应力腐蚀、脱漆锈蚀等典型损伤的检测方法,并结合起重机械结构的失效模式与影响分析(FMEA),探讨结构安全的风险评估与预警策略,为同类设备的检测维护提供参考。

(一)某集装箱起重机概况与失效模式分析

某港口集装箱起重机额定起重量为 50 t,跨度 50 m,运行轨距 25 m,主梁制造材料为 16 Mn 钢。在港口连续服役 15 年,日作业量 500 TEU,处于高强度使用状态。大吨位集装箱频繁吊装易引发主梁疲劳损伤,海洋环境的高盐雾也加剧了金属结构的腐蚀。

基于 FMEA 方法,分析起重机结构的失效模式。从作业载荷、环境因素、材料特性、制造工艺等方面,综合考虑起重机结构的失效机理。并从失效后果的严重性(S)、失效原因的发生概率(O)、失效的可探测性(D)三个维度,对失效模式进行风险度量,建立重机结构失效模式的三维风险矩阵。

研究表明,金属结构疲劳开裂和腐蚀是起重机的主要失效模式。其中,主梁下弦杆与端梁连接处、起升机构固定支座等为应力集中区,是疲劳开裂的高风险部位。大梁下表面、端梁内壁等,“雨水-盐雾”持续积聚区,是腐蚀的高风险部位。失效后果的严重性,裂纹失稳、构件断裂可致吊具坠落,危及作业人员生命安全,后果极其严重。失效原因的发生概率,在高强度循环载荷与腐蚀介质的长期作用下,裂纹萌生、扩展的概率较高。失效的可探测性方面,早期裂纹、局部锈蚀易被表面油漆掩盖,难以及时发现。综合 SOD 三项指标,上述失效模式风险度均较高,需采取有效的检测手段,实现早期预警。

(二)起重机结构典型损伤检测方法

1. 表面裂纹的涡流检测

采用涡流检测方法,对起重机主梁、端梁等疲劳高风险区进行表面裂纹检测。使用自行研制的磁饱和涡流传感器阵列,工作频率 10 kHz,激励电流 1 A,探头尺寸 30 mm×30 mm,阵

元间距 10 mm。检测灵敏度可达 0.5 mm 深度裂纹。

检测前,在构件表面布置 20 cm 宽的扫查网格,涂覆耦合剂。检测时,将涡流阵列探头与结构表面耦合,以 5 cm/s 速度匀速扫查,扫查轨迹与裂纹走向垂直。探头阵列可获取结构表面二维区域的涡流信号,在裂纹处,由于涡流场畸变,可观测到涡流信号幅值和相位的突变。

为提高裂纹信号的识别率,采用小波分析方法,自适应地选取小波基函数和分解尺度,滤除背景噪声,凸显裂纹特征。通过阈值分割和形态学滤波,提取裂纹指示信号的几何参数,获得裂纹的长度、宽度等定量信息。同时,分析涡流信号的幅频特性,建立与裂纹深度的定量关系,实现裂纹定量评估。

2. 锈蚀的电磁超声检测

采用电磁超声检测技术(EMAT),对起重机金属结构的表面锈蚀进行快速、大面积检测。自主研制了双矩形线圈电磁超声传感器,激励频率 500 kHz,脉冲宽度 5μs,探头有效检测面积 40 mm×40 mm。传感器采用双线圈正交布置方式,可同时激发横波和纵波,接收多模态回波信号,实现腐蚀深度的定量表征。

将 EMAT 传感器与被检区域耦合,施加 500 A 幅值、5μs 宽度的脉冲电流,在结构表面激发超声横波。超声波在结构中传播,遇到锈蚀界面时,部分能量被反射,携带腐蚀深度、界面形貌等特征信息。回波信号经接收线圈采集,放大滤波后输入数据采集系统。

对超声信号进行时频分析,提取腐蚀回波的飞行时间。结合材料声速,可计算腐蚀深度 $d=0.5\ ct$。其中,c 为材料声速,t 为腐蚀回波的往返时间。通过移动 EMAT 探头,获得结构表面的腐蚀深度分布图谱。同时,分析腐蚀回波的频谱特征,评估腐蚀界面的粗糙度,判断腐蚀的严重程度。

3. 防腐涂层的电涡流检测

采用电涡流检测方法,快速评估起重机防腐涂层的劣化程度。使用自主研制的电涡流涂层检测仪,工作频率 100 kHz,励磁电压 5 V,辐射探头直径 10 mm,提离量小于 3 mm 时,可检测 0.5 mm 厚度的环氧涂层。

将辐射探头与涂层表面耦合,激励 100 kHz 交变磁场,在导电涂层中感应出涡流。涡流强度与涂层的电导率、厚度、缺陷等特性相关。当涂层老化、脱落时,其电学性能发生改变,反映为涡流信号的幅值、相位变化。分析涡流信号的幅频响应,结合等效电路模型,可定量表征涂层的阻抗参数。

对涂层阻抗参数进行统计分析,获得涂层完整区域的阻抗分布模板。扫查涂层表面,识别阻抗参数异常区域,判别为涂层缺陷。结合涂层缺陷的面积、深度信息,构建涂层健康指数模型,量化涂层劣化状态,实现涂层状态的快速筛查。

4. 起重机结构动态应变监测

应变是表征结构受力状态的重要物理量。采用光纤光栅(FBG)传感技术,对起重机主梁、支腿等关键构件的动态应变进行在线监测。使用自主研制的封装型 FBG 应变传感器,中心波长 1 550 nm,应变灵敏度 1.2 pm/με,量程±2 000 με,最高采样率 5 kHz。传感器直径

5 mm,长度 20 mm,采用环氧树脂封装,具有良好的耐候性和长期稳定性。

在起重机主梁下弦杆 1/4 跨、1/2 跨、3/4 跨等应力集中位置,测点两侧对称布置 FBG 传感器,采用胶粘法与结构表面固结,实现局部应变的高精度测量。传感器阵列通过光缆接入光纤解调仪,可同时解调 16 路传感器信号,采样频率 1 kHz。通过光开关、光分路器等无源器件组网,实现分布式多点动态应变的同步采集。

针对起重机作业工况,开展台架试验,建立起重机结构有限元模型,获得疲劳易损部位的应力分布规律。开展动载试验,模拟集装箱提升、回转、台车变幅等,测试应变时程曲线,识别动载荷的主频成分。分析不同工况下结构的动态响应,结合材料 S-N 曲线,评估疲劳寿命。基于应变监测大数据,采用雨流计数法,统计起重机作业循环的应力幅值、均值、循环次数,评估疲劳损伤累积值,预警结构失效风险。

(三)基于监测数据的起重机结构安全评估

1. 结构失效风险度量

针对疲劳开裂、应力腐蚀等失效模式,从失效后果严重性(C)、失效的可探测性(D)两个维度,对失效风险进行量化评估。在 C-D 风险矩阵中,划分风险等级,形成风险分级预警规则。

2. 结构健康指数评估

综合考虑起重机结构的应力、应变、位移、裂纹尺寸、涂层阻抗、锈蚀深度等多源监测数据,构建结构健康指数(SHI)模型,定量评估结构状态。在时间维度,应用信息熵理论,度量监测数据的退化趋势,刻画结构性能演化规律。在空间维度,采用集对分析方法,识别结构薄弱部位,定位局部损伤。在属性维度,采用主成分分析方法,筛选敏感监测指标,简化健康评估模型。

3. 剩余寿命预测

采用数据驱动与机理建模相结合的方法,预测起重机结构的剩余使用寿命。基于裂纹扩展动力学方程,结合实测应力谱,以裂纹尺寸为参量,建立疲劳寿命预测模型。引入腐蚀疲劳干湿交替模型,模拟海洋环境对裂纹扩展的促进效应,修正疲劳寿命预测结果。

基于长期监测数据,采用人工神经网络算法,建立起重机结构的数据驱动寿命预测模型。输入特征为 SHI 时间序列,目标输出为剩余寿命。模型经历训练-验证-测试流程,从而准确预测未知样本的寿命。预测模型的平均相对误差优于 15%,可满足工程应用要求。

结合机理预测模型与数据驱动模型,形成剩余寿命预测的双重修正机制,提高寿命预测的适用性和可靠性。基于剩余寿命预测结果,制定起重机结构检修策略,在确保安全的前提下,最大化设备使用效益。

本部分以某港口集装箱起重机为例,介绍了起重机结构安全的检测评估方法。采用涡流、电磁超声、FBG 等无损检测技术,针对疲劳开裂、腐蚀、防腐涂层劣化等失效模式,形成结构状态监测方案。基于监测大数据,开展失效风险度量、健康指数评估、剩余寿命预测等分析,形成结构失效的分级预警机制和检修决策依据。后续研究中,宜进一步拓展在役起重机结构的失效案例库，完善 FMEA 知识图谱；深化大数据分析、人工智能在起重机结构健康评估中的应用，提高安全预警的准确性和实时性；同步推进检测装备的小型化、集成化，监测网络的自组织、自诊断，评估模型的自学习、自适应，促进港口起重机械的智能化运维。

第三节 交通机械装备制造与检测技术实践经验总结

一、加强设计、制造、检测各环节协同配合的经验

交通机械装备的设计、制造、检测是一个复杂的系统工程，涉及多学科、多专业、多部门的协同配合。只有加强设计、制造、检测各环节的融合互动，才能保证装备的性能品质，提高研制效率，缩短开发周期。本部分总结了加强设计、制造、检测协同配合的实践经验，旨在为交通机械装备的高质量发展提供参考。

（一）构建全生命周期的协同设计平台

交通机械装备具有结构复杂、工况苛刻、安全要求高等特点，其设计需要兼顾功能、强度、可靠性、可制造性、可测试性等多方面因素。传统的串行设计模式，各专业间缺乏沟通，往往导致设计方案多次反复，制造、检测难以实现。

构建全生命周期的协同设计平台，将设计、制造、检测等环节紧密集成。在概念设计阶段，各专业团队通过三维可视化协同工具，对总体方案进行论证评审，优化产品结构布局，统一技术接口标准。基于模型的系统工程（MBSE）方法，建立装备结构、功能、行为的数字化模型，为跨专业、跨部门协同提供数据基础。

在详细设计阶段，通过产品全生命周期管理（PLM）系统实现设计数据的全生命周期管理。CAD/CAE/CAPP 一体化建模，实现从三维设计模型到制造工艺、检测方案的无缝衔接。虚拟装配、虚拟制造仿真分析，优化产品的可制造性、可装配性。故障模式、影响及致命度分析（FMECA），识别潜在故障模式，制定针对性的检测策略。

协同设计平台打破了设计、制造、检测的信息壁垒，强化了业务流程串联，保证设计方案的一次性正确率。某高速动车组转向架的研制实践表明，采用全生命周期协同设计，零部件装配干涉减少 90%，生产制造一次合格率提高 30%，疲劳强度、可靠性等指标较预期提高 15%。

（二）加强制造与检测的过程互融

制造是设计意图的物化，检测是制造质量的保障。制造、检测与设计相比，更贴近产品的物理实体，对产品缺陷更为敏感。要加强制造、检测对设计的反馈，实现生产与检测数据驱动的设计优化。同时，设计部门要为制造、检测提供可操作的技术文件和评价规范，指导制造过程控制和质量检验。

在零部件制造环节，依托数字化车间，对产品加工、装配、调试等过程进行全程监控。加工设备联网，实时采集刀具磨损、切削力、振动等信号，训练加工参数-缺陷映射模型，实现制

造缺陷的在线预警。装配机器人嵌入力控传感器,监测装配过程的受力状态,发现超差配合,优化装配工艺。产品出厂前,开展整机性能测试、环境适应性试验,采集运行状态数据,形成产品“出生证”。

在运营维护环节,通过远程在线监测系统,实时感知装备的健康状态。将装备失效案例、故障诊断记录等运维大数据反馈给设计部门,持续优化设计标准和维修规程。利用增材制造、机器人等智能再制造技术,实现部件损伤的快速修复,延长装备寿命。建立逆向工程中心,对报废装备开展拆解分析,掌握失效部位、失效模式,反馈制造工艺、材料选型的改进方向。

制造、检测与设计的过程互融,提高了装备研制的精准度。以盾构机为例,某型号盾构机通过制造装配数据反馈,优化了刀盘轴承密封结构,减少渗漏风险;通过现场施工数据分析,改进刀具布局,提高刀盘贯入度;通过故障诊断数据挖掘,改善减速箱热处理工艺,延长使用寿命。

(三)推行模块化、标准化、通用化设计

交通机械装备型谱多样,批量规模小,设计、制造、检测资源分散,极大影响了产品质量的一致性和交付效率。推行模块化、标准化、通用化设计,开发功能独立、接口统一的部件模块,形成可重用、可组合的通用部件库,是实现设计、制造、检测高效协同的重要措施。

功能模块化设计,围绕动力系统、传动系统、行走系统等开展功能分解,划分功能模块。采用功能-结构映射方法,建立模块化产品平台。电气系统采用 CAN 总线架构,实现控制器、执行器、传感器的即插即用。液压系统采用集成阀块,实现多路阀的模块化组合。

接口标准化设计,统一装备的机械接口、电气接口、流体接口、信息接口等规范。采用公差自动优化技术,合理设置互换件、组合件精度标准。采用并联质量工程(QFD)方法,将制造、检测需求有效传递到设计环节,指导零部件的精度分配、测试规划。提取零部件几何特征,形成加工工艺知识库,固化最佳工艺参数组合。

通用化设计在模块化、标准化的基础上,开发可重复使用的部件库。利用拓扑优化、参数化建模等技术,开发性能可靠、工艺简单的标准件。建立标准件三维模型库,制定统一的图样标准,实现标准件的跨平台共享。通过提高通用件的复用率,缩短新品开发周期,降低制造、检测成本。

模块化、标准化、通用化设计在工程机械、起重机械、轨道车辆等领域得到广泛应用。以港口集装箱起重机为例,采用模块化设计后,起升机构所需零部件降低 60%,制造成本降低 35%。大跨度起重机采用多级标准节臂,最大跨度可达 150 m。某重载货运机车平台开发 40 余种机型,关键零部件通用化率超 80%,研制周期缩短 60%。

(四)建立设计、制造、检测一体化人才培养机制

设计、制造、检测的深度协同,对复合型人才提出更高要求。传统的学科专业划分,培养的人才知识结构单一,动手能力较差,团队协作意识不强。亟须建立设计、制造、检测一体化的复合型人才培养新模式。

在高校教育层面，打通机械、材料、电子、控制、计算机等专业壁垒，开设机电液一体化课程，加强多学科交叉融合。引入 CDIO 工程教育模式，面向工程全生命周期，开展项目式、案例式教学。搭建智能制造实验平台，开设工程实践课程，提升学生的工程实践能力。与企业联合开展毕业设计，选拔优秀学生进入企业顶岗实习，加强产学研用结合。

在企业人才培养层面，鼓励设计、制造、检测人员轮岗交流，全面了解产品研制流程。开展“专家进车间”活动，发挥专家传帮带作用，促进知识经验传承。选派骨干人才参与重大装备攻关，锻炼解决复杂工程问题的系统能力。鼓励员工参加职业技能大赛，搭建行业交流平台。完善技术人员的晋升通道，将解决关键技术问题作为职称评定的重要依据。

在社会培训层面，围绕装备的设计、制造、检测需求，开展产业工人培训。编制操作规程和技能标准，规范一线员工作业行为。利用虚拟仿真、增强现实（AR）等技术，开发沉浸式培训系统，加快知识技能学习。针对生产、管理、技术骨干，开展卓越工程师培训，系统学习标杆企业的先进经验，提升创新能力。

复合型人才培养是装备制造业转型升级的关键。德国“工业 4.0”战略明确提出，加快发展机械、电子、信息技术多学科融合的教育模式，培养掌握产品全生命周期技能的“T”型人才。美国国家制造创新网络计划启动“制造业人才培养项目”，校企联合开发面向未来制造业的本科和研究生培养方案。上述举措对我国交通机械装备人才培养具有重要借鉴意义。

（五）开展军民融合的协同创新

交通运输是国民经济的动脉，是军民融合的重点领域。交通机械装备制造要立足军民融合发展战略，在设计、制造、检测等环节，加强与军工单位的协同创新，实现优势互补、互利共赢。

在需求牵引下，发挥军方体系化思维优势，开展装备论证决策。瞄准国防交通“先行先试”的迫切需求，超前规划空中、水面、地面、水下立体交通运输装备。发挥军方组织动员能力，成立军地联合攻关团队，开展核心关键技术协同攻关。

发挥军工高可靠性、高环境适应性设计优势，开展极端环境下交通运输装备的适应性设计。借鉴军工可靠性增长试验方法，开展民用交通装备的加速寿命试验。转化军工电磁屏蔽、防腐蚀、隐身等技术，提升交通装备的生存能力。引入作战仿真理念，构建交通运输网络数字孪生，评估极端事件下运输系统的韧性。

发挥军工精密制造、智能制造技术优势，提升交通装备制造水平。引进军工数控加工、增材制造等先进制造工艺，突破大型铸锻件、复杂薄壁件制造瓶颈。采用复合材料、新型防护材料，提高装备的轻量化水平。利用并联制造技术，柔性调度产能，实现多品种、小批量定制化生产。建设网络协同制造平台，实现制造资源共享。

发挥军工精密测试、在线监测技术优势，提升装备全寿命周期质量管控能力。引进军工无损检测、在线监测等测试方法，建立装备制造缺陷的快速识别与定位技术体系。采用故障诊断、寿命预测等军工技术，实现装备状态的实时感知与预警。研制军贸装备远程健康服务系统，实现国际化售后。

交通机械装备是军民融合的重要载体。美国民用直升机采用先进旋翼技术,源自阿帕奇武装直升机。中国"复兴号"动车组采用航空铝合金车体,实现轻量化。港珠澳大桥全线采用北斗卫星导航系统导航,实现智慧运维。这些成果有力证明了军民技术双向转化的重要价值,必将进一步推动交通强国建设。

本部分总结了加强设计、制造、检测协同配合的实践经验,包括构建全生命周期协同设计平台、加强制造检测互融、推行模块化标准化通用化设计、建立一体化人才培养机制、开展军民融合协同创新等方面。上述举措强调系统思维、专业融合,加强信息集成、优势互补,对于提升交通机械装备的先进性、可靠性、高效性,增强企业核心竞争力具有重要意义。

随着交通运输数字化、网络化、智能化的深入推进,对交通装备的协同研制提出更高要求。后续研究中,宜进一步加强全产业链数据融合,突破设计、制造、服务大数据高效汇聚难题;强化人工智能技术渗透,实现设计优化、工艺优化、检测诊断的智能化;丰富虚拟现实、增强现实、数字孪生等新型协同手段,构建沉浸式、交互式的全生命周期研制环境;创新军民科技协同机制,健全标准规范体系,加强知识产权保护,为交通机械装备制造业高质量发展提供新动能。

二、突破关键共性技术,提升综合保障能力的经验

交通机械装备涵盖公路、铁路、水路、航空等多种运输方式,种类繁多,技术复杂,对综合保障能力提出了极高的要求。国产装备在关键零部件性能、测试评价手段、维修维护水平等方面与国外先进水平存在差距,影响了装备的可靠性、安全性和使用效率。本部分聚焦交通机械装备的若干关键共性技术,总结实践攻关经验,以期为提升综合保障能力提供参考。

(一)高可靠性传动系统设计制造技术

传动系统是交通机械装备的核心部件,其可靠性直接关系到整机的使用寿命和安全性。然而,由于装备恶劣的工作环境和频繁的动态载荷,传动系统的疲劳失效、磨损脱落等故障时有发生,严重制约了装备的长寿命和高可靠性。

突破大功率密度、重载工况下传动系统的设计制造技术,是提升装备可靠性的关键。在材料方面,采用新型高强韧钢、球墨铸铁等材料,通过合金化、热处理等工艺,提高关键零部件的强度、硬度、韧性。采用自润滑材料、耐磨材料,改善摩擦副的减磨抗磨性能。在设计方面,采用多齿轮并列、行星齿轮传动等结构,优化受力分布,降低局部应力集中。采用表面强化、喷涂、渗碳等表面工程技术,提高齿面疲劳强度。优化齿形、齿向参数,减小啮合冲击。在制造方面,采用高速切削、磨削等精密加工工艺,提高齿面加工精度,降低动态激振。采用滚压、调质等工艺,形成表面压应力,抑制裂纹萌生扩展。

以高铁牵引传动系统为例,某型轮轨齿轮传动装置采用中空轴结构,减重30%以上;采用闭式强制润滑,润滑油泵集成在传动箱内,降低泄漏风险;齿轮采用高洁净钢,渗碳淬火,硬度超过650 HV,使用寿命超过300万公里。重型矿用车采用多级行星齿轮传动,传动比超过240∶1。齿轮采用高强度调质钢,经气体渗碳和等离子体氮化,齿面接触疲劳强度提高50%

以上。

（二）高效节能液压系统匹配优化技术

液压系统以其功率密度大、控制精度高、负载适应性强等特点，广泛应用于工程机械、港口机械等装备中。然而，由于系统复杂、元件匹配不合理，导致效率低下、能耗大、发热量高，严重制约了装备的节能环保水平。

开展液压系统的匹配优化设计，实现高效节能运行，是装备绿色化的必由之路。在系统方面，采用负载敏感、功率匹配、压力网络等先进液压系统，根据负载需求实时调节泵排量，降低节流损失。优化回路布置，平衡阀口流量，减小压力波动。在元件方面，发展大排量、轴向柱塞泵，采用变量调节、功率控制等策略，在宽工况范围内实现高效率运行。优化阀芯结构，控制换向冲击，降低流体动力损失。在节能控制方面，综合采用电子负载感应、压力切断、泵控电机等技术，实现泵、阀、执行元件的协调控制。基于负载预测模型，主动调节泵排量，避免过量供油。

以某混凝土泵车为例，采用恒功率控制的负载敏感系统，在搅拌、泵送、分配过程实现无级变速；主泵采用斜盘式变量柱塞结构，在 1 000~2 200 r/min 宽转速范围内，容积效率保持在 0.95 以上；多路换向阀采用流量再生回路，节省 45%控制油；在 75 kW 的发动机匹配下，系统效率达到 84%，油耗下降 30%，噪声下降 8 dB。某型高空作业平台采用双闭式液压系统，变量泵、多路阀、伸缩臂同步匹配；通过压力-流量复合控制，实现平稳启停和精确调速；系统效率提升 20%，8 h 工作循环的耗油量降至 15 L。

（三）智能化状态监测与故障诊断技术

交通机械装备普遍存在结构复杂、环境恶劣、工况苛刻等特点，各类部件的性能退化和功能异常不可避免。及时准确地监测设备状态，诊断潜在故障，可以保证装备安全高效运行。

发展智能化状态监测与故障诊断技术，建立从数据到决策的全链条智能运维体系，是提升装备保障水平的必然选择。在监测方面，布设多传感器阵列，采集结构应力、轴承振动、润滑油品质等状态参数。优化传感器布局，平衡信息冗余度和成本代价。在数据处理方面，针对装备机理复杂、工况多变等特点，采用小波分析、经验模态分解等信号处理方法，提取敏感特征。针对海量、非结构化的监测数据，采用卷积神经网络、长短时记忆网络等深度学习模型，实现特征的自适应提取。在诊断决策方面，综合振动、温度、应力等多源异构数据，采用贝叶斯推理、证据理论等信息融合方法，构建以故障征兆为输入、以失效模式为输出的智能诊断模型。结合历史维修数据，应用迁移学习、少量学习等方法，解决样本不平衡问题。

以高速动车组轴承为例，布设振动、声发射、油液监测多参数传感器。采用经验模态分解提取轴承故障特征频率，应用支持向量机进行早期微弱故障识别，漏检率低于 0.5%。建立全寿命轴承退化模型，对轴承剩余寿命进行概率预测，准确率达 85%。预警门限触发时，即启动备件管理、检修计划流程。某港口龙门吊采用 400 个 FBG 光纤传感器对钢结构应力进行监测，结合北斗卫星定位，实现塔吊实时位姿与受力的可视化展示。采用门限值法对异常应力进行识别，对疲劳裂纹萌生区域进行预警，准确率达 90%以上。

(四)再制造与智能维修技术

交通机械装备的大修费用高,备件供应周期长,严重制约了装备的使用效益和保障效率。落后的返厂大修模式,与装备的高可靠性、寿命长的要求不相应,亟须转变装备的维修保障模式。

发展再制造与智能维修技术,最大限度发掘装备的剩余价值,提升装备的可持续保障能力。在再制造方面,对关键零部件进行毁伤评估,采用激光熔覆、金属 3D 打印等增材制造技术,对磨损、腐蚀、变形件实施精确再制造,恢复部件性能。建立再制造件性能测试规范,采用冷喷涂、微弧氧化等表面强化技术,延长再制造件使用寿命。在智能维修方面,采用“感知-决策-执行”一体化智能维修模式,实现装备的快速恢复。感知环节,布设视觉、力觉、触觉传感器,构建人机协同的多通道感知系统,实时获取故障部件形貌。决策环节,建立基于深度强化学习的维修决策系统,集成故障诊断、备件管理、维修工艺优化功能,自主制定最优修复方案。执行环节,发展基于增强现实的远程维修系统,维修专家通过 AR 眼镜实时指导现场技术人员,提高维修效率。建立基于机器人的自主拆装与检测系统,减少人工投入。

以高铁转向架为例,某型号采用激光近净成形和超声波纳米晶处理技术,对磨损的轴箱导向套、减震器套筒等进行再制造修复,综合修复率达 85%,再制造件平均寿命达到新品的 90%以上。某工程机械集团建立了集成故障诊断、备件管理、AR 远程指导的智能化修复平台,对挖掘机实施状态预警、预测性维护。平台诊断准确率超过 95%,备件使用周期缩短 60%,设备完好率提高 25%,平均维修时间降低 70%。

(五)虚拟化设计与集成仿真测试技术

交通机械装备研制周期长,测试成本高,设计、试验、鉴定、定型各阶段割裂。传统的试制试验方法,存在效率低、周期长、经验依赖重等问题。迫切需要新型测试验证手段,提高设计试验一体化水平。

发展虚拟化设计和集成仿真测试技术,构建全生命周期数字化研制测试体系,是提高装备综合保障效率的关键举措。在产品设计阶段,采用广义参数化建模、正向设计等方法,缩短设计迭代周期。采用多目标拓扑优化、多学科设计优化等技术,平衡产品的强度、刚度、动力学、可靠性等多学科性能。在仿真测试阶段,建立多学科高保真仿真模型,在整机、部件、机理三个层面实现设计、仿真融合。整机层面,开展装备的可靠性、可支援性、安全性分析,优化备件配置与保障方案。部件层面,采用疲劳、断裂、摩擦磨损等多场耦合仿真技术,模拟关键部件在载荷、材料、环境耦合作用下的失效过程。机理层面,探索材料疲劳、断裂、蠕变等微观损伤机制,揭示宏观失效的物理本质。采用实时仿真、增强现实等新型仿真手段,实现设计、测试、制造、使用的并行开展。

以高速列车牵引系统为例,某研究所自主开发了融合多体动力学、有限元分析、疲劳断裂、摩擦学的耦合仿真软件。针对轮轨系统,考虑高速、多线路工况,计算磨耗量分布、疲劳裂纹扩展,获得轮轨廓形优化曲线。仿真结果表明,优化后车轮寿命提高 15%,振动加速度降低 20%。针对车体结构,考虑气动、随机振动等载荷谱,实现强度、刚度、气密性、隔声等性能的均衡优化。某特种车辆研究所采用通用底盘+任务模块化的虚拟样车设计方法，实现全系列产品的一体化设计。建立了车辆跑道、簧下质量、转向架等多学科分析模型，开展操稳性、制动性、平顺性的耦合仿真，样车开发周期缩短 60%，成本降低 70%。

本部分重点探讨了交通机械装备关键共性技术的攻关实践，包括传动系统可靠性、液压系统节能匹配、智能状态监测、再制造与维修、虚拟化设计等方面。以上技术聚焦装备全寿命周期薄弱环节，通过优化设计、先进制造、测试表征等手段，从结构、部件到材料尺度，系统开展协同攻关，对于提升装备的可靠性、安全性、智能化水平，降低保障成本，提高综合效益，具有重要的工程实践价值。

新一代信息技术与制造技术的深度融合，为装备保障能力的跨越发展提供了新的技术路径。未来研究中，宜进一步开展人工智能、大数据分析、区块链、数字孪生等颠覆性技术在装备设计、制造、测试、维修等环节的应用探索，加速推进设备全生命周期数据的互联互通、共享共用；加强机理模型与数据驱动的结合，构建从材料、结构到系统的多尺度一体化仿真测试平台；创新智能化再制造工艺，发展专用再制造装备，构建废旧装备绿色化、高值化循环利用体系。

三、完善标准规范体系，规范生产实践的经验

交通机械装备种类繁多，涉及公路、铁路、水路、航空等多种运输方式，技术复杂，制造难度大。近年来，我国交通装备的产品质量、生产效率不断提升，但在关键技术自主化、工艺规范化、标准体系化等方面仍存在不足，影响了产业的高质量发展。特别是在新材料、新工艺、新业态不断涌现的背景下，亟须加快完善设计、制造、检测等领域的标准规范，规范生产实践，引领行业创新发展。本部分总结交通装备标准规范体系建设的实践经验，供相关从业者借鉴。

（一）制定急需标准，突破行业发展瓶颈

交通装备涉及关键基础零部件、整机成套装备、智能化运维系统等诸多方面，不同技术领域的发展极不平衡，部分关键短板领域缺乏标准支撑，制约了行业整体水平的提升。聚焦制约产业发展的关键问题，优先制定急需标准，是标准体系建设的重中之重。

在轨道交通领域，轮轨关系、牵引传动系统、制动系统等是关乎运输安全、效率的关键环节。我国高铁、地铁的运营里程和装备产量均居世界首位，但在车轮材料、减振器等核心部件的技术标准上仍存在空白。围绕时速 350~400 km 高速动车组，开展不同线路、气候条件下轮轨磨耗、疲劳损伤机理研究，建立轮轨型面匹配评价方法，制定 CL60 钢、含硼钢等车轮材料技术标准。针对高寒、高温、潮湿、盐雾等复杂环境条件，开展轨道车辆可靠性试验方法、加速寿命模型等研究，形成轨道交通装备环境适应性系列标准。

在新能源汽车领域，电池、电机、电控系统的性能直接决定了整车的安全性、经济性。我国新能源客车产销量连续 5 年世界第一，但动力电池的能量密度、安全性，驱动电机的功率密度、效率等核心指标与国外先进水平存在差距。开展动力电池热失控机理、多场耦合建模仿

真等研究,建立电池管理系统(BMS)功能安全评估方法,制定动力电池组设计、工艺和测试规范。开展驱动电机多物理场仿真、故障诊断与容错控制研究,制定永磁同步电机、集成式电驱动系统等技术标准。加快氢燃料电池汽车等前瞻技术标准研究,引领新能源汽车技术变革。

此外,在新材料应用方面,针对镁合金、铝合金、复合材料等轻量化材料在交通装备上的应用,亟须加快材料成分、力学性能、工艺质量、无损检测等标准的制修订。在智能网联方面,围绕智能辅助驾驶、远程故障诊断、自动编组等新型智能运维技术,亟须建立车载传感器布设规范、数据接口协议、网络安全准则等标准。

(二)创新标准供给方式,支撑产业链协同发展

交通装备涉及产业链条长,专业化分工程度高,各主体间的技术语言、工艺要求、质量评价标准不统一,影响了产业链的协同效率。创新标准供给方式,强化全产业链主体参与,是提高标准有效性、适用性的重要措施。

组建标准创新联盟,搭建产学研用协同平台。由整车企业牵头,联合关键零部件、基础材料、检测设备、工程服务等产业链上下游企业,高等院校、科研院所共同参与,组建标准创制团队。发挥整车企业的技术引领和需求牵引作用,合理划分标准任务,协同开展基础通用、关键共性技术标准研究。鼓励上下游企业自主制定严于国家标准的企业标准,形成先进标准的"领跑者"。支持检测机构、认证机构等第三方主体参与,支持标准验证、评估。

建立标准与科研、工程同步研制机制。围绕交通强国建设的重大需求,加强标准与科技计划的协调配套,在国家科技重大专项、重点研发计划等项目中同步部署标准研究任务。支持在重大工程建设中开展标准应用示范,在京张高铁、港珠澳大桥等标志性工程中,率先应用BIM、智慧工地、绿色施工等领域的新标准,打造标准应用的亮丽名片。鼓励在招投标、设备监理等环节强制引用先进标准,以项目带标准,以标准促创新。

鼓励社会团体标准、自愿性标准发挥作用。支持行业协会、学会牵头制定严于强制性标准的社会团体标准,在前瞻性、创新性强的领域,发挥社会团体的资源整合优势,开展关键技术、试验方法、基础数据等标准的研制。鼓励企业根据市场和创新需要,制定高于国家标准、行业标准的企业标准,增加标准的有效供给。加快培育服务机器人、超高速磁浮、真空管超导等前沿领域的标准,为新兴产业发展提供有益经验。

(三)加强标准国际化,提升国际话语权

交通装备是全球产业分工合作的重点领域,积极参与国际标准化活动,提高中国标准的国际话语权,是交通强国建设的迫切需求。当前,以高铁、电力机车为代表的中国交通装备大规模"走出去",与"一带一路"沿线国家的互联互通持续深化,亟须加强标准国际化布局,构筑技术、标准、认证、服务一体化的产业生态。

积极参与国际标准化组织活动,提高参与程度。鼓励国内企业、科研机构、行业组织等,积极参与ISO/TC、IEC/TC等国际标准技术委员会,争取主导或参与制定更多国际标准。以高速列车、现代有轨电车、重型货车等优势领域为重点,加大国际标准提案的提出和研制力度,推动中国技术、中国方案成为国际标准。支持国内单位承担国际标准化组织的秘书处、主

席、召集人等重要职务,加强与各方的沟通交流,提高国际话语权。

推进中国标准、中国方案“走出去”。围绕共建“一带一路”倡议,加强与沿线国家标准化基础设施互联互通。推动国内先进、成熟标准转化为国外标准,以技术标准护航重大装备、成套设施出口。统筹两用标准、行业标准、地方标准的外文版翻译出版,促进中国标准的传播应用。鼓励与共建国家开展标准互认、检测互认,推动形成区域统一的技术法规和合格评定程序。

开展国际标准跨区域应用试点示范。支持中资企业与共建国家开展标准应用合作,共同实施示范工程。在中老铁路、匈塞铁路、雅万高铁等标志性项目建设中,集成应用铁路建设、电气化、通信信号、站场设计等中国标准,打造系统化的标准输出方案。在巴基斯坦、泰国等国推广中国电动客车充电、运营标准,为新能源汽车走向海外提供范例。在斯里兰卡汉班托塔港开展港口智能化改造,应用 5 G 通信、北斗导航、智慧物流等领域标准,建设智慧化、绿色化的示范港口。

(四)强化标准实施,助推降本增效

标准的生命力在于实施。交通装备行业经过多年探索,在推进标准实施应用方面积累了丰富经验,有力促进了降本增效,保障了质量安全。

在设计环节,加快基础通用、关键共性标准在设计规范中的应用转化。支持行业骨干企业将先进标准转化为企业产品图集、设计手册,固化设计范式。将先进标准嵌入三维设计、仿真分析等设计工具,实现设计过程的自动检查,减少设计失误。鼓励供应商根据整车标准,优化零部件参数匹配,提高产品的标准化、通用化水平。

在制造环节,完善原材料、零部件、整机装配等质量控制标准。将铸造、焊接、热处理、涂装等关键工序标准融入生产制造执行系统,固化工艺参数,实现质量过程监控。依托工业互联网,开展制造执行(MES)、供应链管理(SCM)等系统集成应用,实现设计、生产、采购等业务流程的标准化协同。引导中小企业应用国家标准、行业标准,提高专业化配套能力。

在运维环节,大力推广状态监测、故障诊断、远程维护等领域标准。建立面向装备全寿命周期的质量追溯标准,实现材料—部件—整机—运维的质量信息闭环管理。制定部件再制造、整机报废标准,提高装备生命周期价值。开展运营安全风险管控体系建设,建立从人员到设施的分级管控标准,强化运营单位的主体责任。

此外,推进检验检测体系建设,提高标准实施的技术保障能力。构建覆盖设计、制造、运维全生命期的检验检测标准体系,形成设备验收规范、定期检测规程、报废判断标准。培育专业化检验检测机构,开展型式试验、整车试验、可靠性试验等标准符合性评定。建立国家质量基础设施(NQI)平台,整合计量、标准、合格评定等资源,为标准实施提供公共服务。

(五)培育标准化人才,夯实发展基础

标准是技术创新和产业进步的重要载体,是企业核心竞争力的重要组成部分。培育一支专业化、复合型的标准化人才队伍,掌握标准研制、实施、转化的方法和工具,是提高企业标准化水平的根本所在。

改革标准化教育培养模式,将标准化纳入高校、职业院校相关专业人才培养方案。在机械、交通、物流等领域,开设标准化系列课程,普及标准基础知识,提高学生标准意识。鼓励校企合作开发标准化人才培养项目,共建标准化人才实训基地,开展基于国际标准的认证认可、管理体系、六西格玛等实践教学,强化复合型人才培养。

开展标准化职业教育和实践培训。支持行业协会、学会举办标准化能力提升培训,聚焦标准研制、标准符合性评价、标准应用服务等,普及标准化通用知识,提升企业标准化管理水平。鼓励骨干企业、高校、科研机构联合开展标准化高级研修项目,培养具有国际视野的高层次复合型人才。在重点工程、重大项目管理人员中,开展标准化专题培训,强化标准应用能力。

吸纳和用好国际标准化人才。支持企业引进国际标准化组织的项目、专家,借鉴吸收国际先进标准化经验。鼓励企业选派技术骨干参与国际标准化交流合作,学习标准制定的新理念、新方法、新工具,提高谈判磋商、国际交流的能力。重视海外高层次人才和留学生群体,吸收其先进标准理念,支持其在标准研究、标准外文翻译等方面发挥作用。

交通装备的高质量发展,离不开先进标准的有力支撑。本部分总结了加快标准体系建设,规范生产实践的若干经验,包括聚焦行业发展瓶颈制定急需标准,创新标准供给方式促进产业协同,为提高标准国际化水平争取话语权,强化标准在设计、制造、运维等环节的应用实施,加快标准化人才培养等。上述举措有利于加快推进交通装备制造业由生产型制造向智能型制造转变,全面提升产品质量和核心竞争力。

第六章 交通机械装备设计制造与检测技术的未来展望

第一节 交通机械装备设计制造技术的发展趋势

一、系统化、模块化设计理念将深入发展

随着现代科学技术的飞速发展，交通机械装备日益朝着大型化、复杂化、智能化、网联化方向演进。为有效应对设计对象的复杂性，提高设计质量和效率，系统化、模块化设计理念正在成为交通机械装备设计领域的重要发展趋势。这一理念强调从整体出发，综合考虑交通机械装备的功能、性能、可靠性、成本等多方面因素，协同推进总体方案设计、子系统设计和关键部件设计，实现装备各系统、模块之间的最优匹配与集成。

系统化设计理念要求设计人员具备"大系统"思维，从宏观角度审视交通机械装备的整体结构与功能，统筹兼顾各子系统的内在联系和相互作用。基于对整车/整机性能、工况、环境等因素的系统分析，合理划分功能模块，科学配置和优化子系统参数，协调各专业设计团队的分工协作，最终实现整车/整机性能的最优化。系统化设计可充分发挥协同设计的优势，在缩短开发周期的同时，显著提升产品质量与可靠性。

模块化设计理念则倡导将交通机械装备划分为若干个相对独立又互为关联的功能模块，每个模块承担特定的功能，具备标准化的接口，可实现灵活组合与互换。模块化有利于实现设计要素的复用和共享，提高设计效率。通过功能模块的并行设计和单元测试，可加快设计进度，降低整体风险。标准化接口降低了模块之间的耦合度，便于产品的装配、维修和升级改造。模块化设计也为产品平台化、系列化、多样化奠定了基础。

当前，面对交通机械装备设计制造的新形势、新需求，系统化、模块化设计理念正不断融入设计全过程，成为提质增效的新引擎。

在总体方案设计阶段，设计人员高度重视交通机械装备的任务场景、作业工况、技术指标等顶层需求分析，从全局视角思考产品定位、性能布局和技术路线，优化功能分解和模块划分，注重各模块的标准化、通用化设计，实现总体方案的系统集成和动态优化。先进的系统建模与仿真技术被广泛应用于方案论证和性能评估，多学科设计优化成为系统化设计的关键手段。

在子系统设计和零部件设计阶段，模块化设计理念指导下的参数化、平台化、系列化、标准化设计全面推广。设计人员普遍采用三维参数化建模技术，构建基于主参数驱动的零部件

智能模型库和子系统通用模型平台，实现参数化模型的快速生成和优选。标准化、系列化设计降低了零部件种类，促进了制造资源共享和批量生产，提高了通用件的可互换性和互操作性。广泛搜集设计制造数据，借助大数据分析、智能优化等技术，优化设计参数，改进产品性能。

为保证各功能模块协同工作，系统级产品数据管理（PDM）、PLM 等平台在交通机械装备设计领域得到普及应用。这些平台有效集成设计流程各环节，打通专业设计团队间的信息壁垒，支持不同学科工程师协同工作。基于三维数字样机搭建系统级虚拟装配和性能仿真分析平台，实现所有功能模块接口匹配和性能评估，优化完善设计方案。

智能优化算法与仿真分析工具不断融合，多学科设计优化、多目标优化设计等现代设计方法广泛应用，使系统化、模块化设计更加高效和精准。设计人员综合考虑强度、刚度、耐久性、动力性、制造成本、环保等多方面目标，构建多学科优化模型，在满足功能和接口匹配约束的前提下，以寻求系统最优性能为目标，对设计参数进行优化求解，平衡各项性能要求，实现子系统、零部件设计方案的动态优化，全面提升系统综合性能。

模块化、参数化设计与智能制造技术的融合正在加速。在智能工厂中，模块化、参数化的数字化产品模型与制造资源模型无缝集成，设计参数变更可快速传递到生产制造和装配环节，实现产品设计与制造过程的动态协同优化。模块化生产单元、柔性生产线支持多品种、小批量的定制化生产模式，极大拓展了模块化设计的应用空间。设计、仿真、工艺、制造数据在智能化生产线中的集成应用，有利于缩短产品交付周期，提高生产效率和产品质量稳定性。

系统化、模块化设计理念还对设计组织管理模式产生重要影响。传统的各专业独立设计的模式逐渐被打破，系统工程师、总布置工程师、专业设计工程师、工艺工程师等跨专业团队协同开展设计，既各司其职，又时刻以系统思维审视设计对象，加强了信息共享和并行设计。同时，技术状态和设计过程管理更加规范，设计输入、输出数据得到完整定义，专业间和岗位间工作界面清晰，并以产品结构树、模块树等为纽带，加强设计与制造、采购、服务等部门的协同，更好地实现全流程、全系统、全生命周期的精细化管理。

展望未来，系统化、模块化设计理念还将在交通机械装备全生命周期各环节得到拓展应用。设计源头系统分析与概念优化更加深入，设计、试验论证和工艺制造数据充分融合共享，智能装配和检测技术加速发展，远程在线监测和故障诊断技术助力产品性能优化和预测性维护。系统化、模块化设计与制造、服务、运维的融合不断深化，数据驱动的迭代优化成为常态，全面带动交通机械装备的性能、质量、可靠性不断提升。

综上所述，系统化、模块化设计理念顺应了交通机械装备智能化、集成化、高效化发展的必然要求。这一理念的持续深化发展，将有力推动学科交叉与技术融合，加速先进设计方法与智能信息技术的集成创新，为我国交通机械装备制造业转型升级和高质量发展注入不竭动力。

二、仿生优化设计方法研究应用将不断深化

仿生学是一门新兴的交叉学科，其核心是通过研究生物体的结构、功能和行为，探索自然界在亿万年进化中形成的优化机制，并将这些机制应用于工程实践，以获得更加优异的性能。随着仿生学研究的不断深入，仿生优化设计方法正日益成为交通机械装备设计制造领域的研究热点和应用新趋势。借鉴生物体的优秀特性，从结构轻量化、表面减阻抗腐蚀、运动高效节能、环境自适应等多角度开展仿生优化设计，有望进一步提升交通机械装备的性能、可靠性、环保性和智能化水平。

结构轻量化设计是交通机械装备实现节能减排、提高运载效率的关键举措。自然界中，鸟类、昆虫等生物在长期进化过程中形成了多种轻质高强结构，为交通机械装备结构轻量化设计提供了重要启示。以鸟类中空骨骼结构为例，其内部呈现交叉立方多孔状，这种结构在满足强度和刚度要求的同时，质量显著降低。受此启发，研究人员提出管壁变截面、管壁开孔、填充泡沫等多种结构优化方法，在保证强度和稳定性的前提下，实现车辆、船舶等交通机械装备主承力结构的轻量化设计。蜂窝结构、三明治结构等仿生轻质结构也在交通装备中得到广泛应用。随着新型复合材料、金属 3D 打印等技术的发展，各类轻质结构的加工成形能力不断提高，它在运输设备结构轻量化设计中的应用将更加深入。

摩擦阻力和腐蚀是影响交通机械装备能耗、使用寿命和维护成本的重要因素。许多水生生物体表面具有独特的减阻抗腐蚀结构，为高效、长寿命交通装备的研发提供了良好思路。鲨鱼皮肤表面覆盖有纵向沟槽状鳞片，这种微结构能有效抑制湍流，降低摩擦阻力。以鲨鱼皮肤为仿生原型，研究人员开发了具有类似微结构的表面涂层和薄膜，应用于船舶、水下航行器等的表面，取得了显著的减阻效果。贻贝足丝蛋白具有优异的湿态黏附性能，且对各种基材均有良好的黏附作用。受其启发，仿生水下黏附剂逐渐发展，为水下装备的可靠连接、密封等提供新的解决方案。荷叶表面的“凹凸微结构+疏水蜡质”复合构造，具有优异的超疏水自清洁特性。这为船舶、车辆等交通装备的防污减阻表面设计提供了全新的思路。随着纳米加工、表面处理等技术的不断进步，多尺度、多功能仿生表面的精准构筑成为可能，将在减摩抗腐蚀防污等方面得到更多应用。

运动高效、节能是交通机械装备设计的重要目标。翱翔于蓝天的飞鸟、遨游于海洋的鱼类，在飞行或游动过程中展现出高效流线的体型和运动姿态，激发了工程师对高效节能交通装备的美好憧憬。基于鲸鱼流线型体形，采用平滑过渡、大 R 角等仿生设计手法，研制的新型高速列车外形不仅大幅降低了空气阻力，也更加美观舒适。燕鸥翅膀前缘小翼叶能抑制气流分离，提高升力。以其为仿生原型优化的翼型设计，可改善飞行器的低速升力特性，提高起降安全性。鱼鳍推进利用柔性鳍的弹性形变产生推力，推进效率高、噪声低、可操纵性强。大量仿鱼游动推进装置应用于水下机器人，在执行水下观测、作业等任务时展现出独特优势。随着仿生机理研究的深入，更多灵感源于自然界的高效节能技术将应用于航空航天、船舶、车辆等交通机械装备，推动其动力性、经济性、环保性的不断提升。

环境自适应能力是交通机械装备安全、高效运行的重要保障。在复杂多变的工况下，交通装备需要能够实时感知环境变化，快速做出决策，动态调整其结构或工作参数，以达到最佳工作状态。自然界是自适应系统的丰富宝库。以鸟类飞行为例，鸟类翅膀结构轻盈而柔韧，翼型和飞行姿态可根据空气动力状态实时调整，在复杂气流环境中依然能保持良好的飞行姿态稳定性。这启发了研究人员开发柔性可变形机翼结构，通过机翼表面柔性面板的变形实现机翼形状的主动控制和自适应，从而在复杂的空气动力环境中获得更为优越的飞行性能。蝙蝠声纳系统凭借其精妙的信号处理机制和本体感觉机制，能够在嘈杂环境中准确识别和定位目标。将类似蝙蝠的声纳技术应用于自主导航系统，有助于提高导航系统的抗干扰能力和环境适应能力。随着智能感知、自主决策等技术不断发展，自适应结构与控制系统设计有望实现从被动到主动、从局部到整体、从简单到复杂的跨越，更好地提升交通机械装备的智能化和环境适应能力。

值得一提的是，自然界中的仿生优化机制往往是多因素耦合、多层级嵌套的，这对复杂工况下综合性能和极限性能的优化设计具有重要启示意义。例如，磁浮列车在超高速运行时，需要在气动、力学、振动噪声等多个约束目标下实现车体结构的综合性能优化。鸟翼结构“大梁+桁条+蒙皮”的多层级复合构造，能在低重量、高强度、高刚度、减振降噪等多目标之间实现优化平衡，这为磁浮车体结构设计提供了很好的仿生思路。由大到小、由表及里，跨尺度、多层级地模拟仿生机理，将成为未来交通机械装备多目标仿生优化设计的重要特征。

当前，仿生优化设计在交通机械装备制造领域尚处于起步阶段，仿生机理的系统解析、仿生制造工艺与装备的匹配、仿生结构与传统结构的一体化设计等，都有待进一步探索。随着学科交叉不断深化，先进制造技术、新材料不断发展，以及试验测试、数值模拟等研究手段的日益完善，仿生优化设计方法及应用必将得到长足发展，成为解决交通装备轻量化、高效节能、智能环保等问题的重要途径。相关研究成果的应用推广，将为交通机械装备制造业实现转型升级、绿色发展提供源源不断的创新动力。

三、智能化设计技术发展将加快推进

智能化是交通机械装备制造业转型升级的重要方向。作为产品开发的源头环节，装备设计的智能化水平很大程度上决定了制造装备的智能化程度、产品的附加值和市场竞争力。当前，以人工智能、大数据、云计算为代表的新一代信息技术蓬勃发展，交通机械装备智能化设计技术迎来前所未有的发展机遇，智能化特征日益凸显，技术创新和工程应用正在加速推进。智能化设计技术的发展将重塑交通机械装备的创新设计模式，大幅提升设计质量和效率，有力支撑和引领装备制造业向高端化、智能化、绿色化迈进。

智能化设计是指以大数据、人工智能等新一代信息技术为支撑，集成智能优化、智能仿真、智能决策等技术于装备全生命周期设计过程，实现设计活动的部分乃至全部环节的智能化，最终获得性能更优、质量更高、成本更低的装备设计解决方案。具体而言，智能化设计主要体现在以下几个方面。

1. 建立融合物理机理、工程经验和数据驱动的智能化设计模型。汇聚产品全生命周期海量异构数据，挖掘数据背后隐藏的内在联系、演化规律和经验知识，结合领域物理机理，构建智能化设计模型。该模型能根据设计输入参数，智能分析产品结构特征与性能规律，并依据相似产品设计经验，快速生成可行的设计方案。智能化设计模型的建立，将从根本上提高交通装备设计的便捷性、高效性和可靠性。随着数字孪生、智能建模等新技术的应用，高保真、可操作、可迭代的智能化设计模型将成为未来交通装备设计的重要工具。

2. 应用人工智能赋能设计全流程。将人工智能技术与CAD、CAE、PLM等软件工具深度融合，实现设计各环节的智能化。基于深度学习、迁移学习等人工智能技术，结合历史设计大数据开展智能化总体方案设计，系统布局、性能分析等关键设计任务实现自动化。利用机器学习算法和工程知识库，实现设计参数的智能调优和产品性能的多目标优化，大幅缩短设计迭代周期。将人工智能技术与仿真模拟技术相结合，构建高精度的智能化仿真系统，实现装备全工况性能的快速预测，指导设计改进。应用智能博弈、强化学习等理论，建立智能化设计决策系统，在设计需求理解、设计风险评估、设计资源调度等方面实现智能化。

3. 推进跨专业、跨领域的协同设计。交通机械装备是一个复杂的系统工程，涉及力学、电子、控制、材料、工艺等多个学科领域的交叉融合。构建基于统一数据模型、统一流程引擎的智能化协同设计平台，实现学科知识的全面集成。平台集成智能化建模、仿真、优化等功能，为装备总体设计、专业设计、联合设计提供强大工具支撑。该平台还提供虚拟样机技术环境，多专业工程师可在虚拟环境中开展装备性能评估、碰撞干涉检查、人机工效验证等协同设计，有效提高设计效率和产品质量。随着云计算、云设计等新模式的发展，资源按需获取、弹性扩展的智能化设计云平台将会出现，进一步推动全球化协同设计。

4. 加快设计流程自动化、设计手段虚拟化。交通装备设计自动化是实现设计智能化的重要基础和手段。随着专家系统、知识自动化获取与推理技术的发展，以及大规模工程设计知识库的构建，设计流程将实现更高程度自动化。从概念设计到详细设计、从产品设计到工艺设计，设计自动化覆盖的环节将不断扩展，设计效率将大幅提升。同时，虚拟样机、虚拟装配、虚拟制造等新型虚拟设计手段将成为常态，极大简化物理样机和物理试验环节，降低设计成本和风险。未来在数字孪生框架下，交通装备设计、制造、运维等全生命周期数据能够实时互联、融合共享，设计过程与制造过程、使用过程的交互将更加频繁顺畅，设计方案迭代优化的周期大为缩短。

交通装备智能化设计技术的发展，离不开高素质智能化设计人才队伍建设。未来设计人员需要具备多学科知识背景，既精通交通装备专业知识，又掌握人工智能、大数据等信息技术，能够驱动设计智能化过程。同时，智能化设计对传统设计组织管理模式和流程也提出了变革要求。需要建立扁平化、矩阵式的组织架构，打破设计部门间的壁垒，强化多专业、多部门间的横向联系。优化设计业务流程和数据流程，构建标准统一的设计知识库、模型库，形成大数据环境下的知识工程。加快实施国家智能制造标准体系，突破智能化设计技术标准。这些举措将保障智能化设计快速、健康发展。

当前,智能化设计在交通装备领域还处于探索实践阶段,应用案例有限。下一步,需要加大智能化设计共性关键技术攻关,突破设计知识学习、设计流程智能优化、智能化建模与仿真、设计大数据分析等“卡脖子”技术。积极开展试点示范,加快智能化设计成果的工程化应用,总结完善设计规范标准。同时,要大力推进传统设计模式与智能化设计技术的融合,发挥传统设计的经验优势和智能设计的效率优势,实现从计算机辅助设计到智能主导设计的跨越式发展。伴随着新一代信息技术与先进制造技术的深度融合,智能化设计必将推动交通装备向安全高效、绿色智能、高质量方向发展,助力交通运输行业转型升级。

第二节 交通机械装备检测技术的创新方向

一、在役装备健康管理技术将成为研究热点

交通机械装备的可靠、高效、安全运行对保障人民生命财产安全、服务国计民生、促进经济社会发展具有重要意义。推进在役装备健康管理技术研究,构建全寿命周期健康监测、诊断、预测与维护体系,对于提高装备安全性、可靠性、使用效率和经济性,降低全寿命期费用,避免和减少重大事故损失,加快交通机械装备技术进步和产业升级具有重要意义。随着大数据、物联网、人工智能等新一代信息技术的快速发展与深度应用,在役装备健康管理技术迎来前所未有的历史机遇,必将成为未来一段时期内交通机械装备检测技术创新发展的重点方向。

所谓在役装备健康管理,是指利用各类传感器实时采集装备部件、子系统或整机在服役全过程中的各种状态信号,并运用信号处理、故障诊断、寿命预测等技术,对装备健康状态进行评估和预测,及时发现存在的故障隐患并加以维护,最终实现装备的安全、可靠、高效运行,延长其使用寿命。在役装备健康管理技术主要包括状态监测、故障诊断、寿命预测与健康管理等环节。

装备状态监测是在役健康管理的基础。传统的状态监测主要依靠人工定期检查和试验,存在实时性不足、海量数据难以处理等问题。未来,随着传感器技术、现场总线技术和无线传输技术的进步,以及射频识别(RFID)、微机电系统(MEMS)的广泛应用,在役装备的全方位、全寿命动态监测将成为现实。通过在关键部位部署各类传感器,并构建实时数据采集、高速传输和智能处理平台,能够实现对装备结构应力应变、振动、噪声、温度、位移等状态参数的实时在线监测,大幅提高数据获取的自动化、网络化水平。基于物联网架构的监测系统还能够实现远程数据共享和决策,为后续的故障诊断、寿命预测等环节提供高质量的数据支撑。

精准、智能的故障诊断是实现预测性维护的关键。装备故障类型多样,机理复杂,传统的基于机理建模的故障诊断方法面临建模难度大、诊断周期长等挑战。随着机器学习、深度学习等人工智能理论的蓬勃发展,数据驱动的智能故障诊断方法将成为主流。通过从海量历史数据中自动学习和挖掘故障征兆与模式,结合少量物理模型知识,可构建更加准确、鲁棒的故

障诊断模型。值得关注的是，迁移学习、增量学习等新型学习范式有望破解训练数据不足的难题，使得智能诊断模型能够在不同工况、不同型号装备间快速迁移和更新，实现更广泛的应用。同时，多信息融合诊断技术也是重要发展方向。振动、声发射、油液、电气等信号往往蕴含着装备不同层面的健康信息，综合挖掘多源异构数据有助于全面揭示复杂装备的退化规律，从而提高诊断模型的普适性和准确性。

寿命预测是优化检修策略、合理安排备件管理的重要依据。当前，装备寿命预测多采用基于统计学的建模方法，包括失效物理统计模型、似然函数、人工神经网络等。这些方法多以失效时间数据为基础，预测结果受数据质量影响较大。随着智能传感和状态监测技术的发展，可获取更丰富的装备全寿命健康状态数据。在此基础上，亟须发展面向大数据的寿命预测新方法。其中，基于多元状态数据的退化建模和寿命预测将成为主要方向。该方法充分利用全寿命状态监测数据，刻画装备性能退化过程，预测剩余寿命，可为检修提供更精准的决策依据。同时，考虑装备长周期服役的特点，也需重点发展数据驱动与机理融合的寿命预测方法，在数据稀缺情况下，引入机理模型知识，提高寿命预测的长期稳定性和外推能力。此外，不确定性量化与传播、多装备联合寿命预测等也是急需突破的难点。

健康管理策略是在役装备健康管理的落脚点。其核心是基于监测、诊断、预测信息，制定最优的检修与备件管理策略，在保障安全可靠的前提下，最大限度地发挥装备使用效能、节约维护成本。这就要求建立装备退化机理模型、维修决策模型和全寿命健康管理平台，对采集的海量监测数据进行分析、挖掘和预测，形成装备健康状态评估报告、风险预警、检修建议等辅助决策信息，并及时反馈到生产管理和运营管理部门。同时，装备管理策略的制定还需统筹兼顾任务需求、运行工况、检修资源等多方面因素。在此方面，在线仿真优化和增强学习等智能优化方法有望发挥重要作用，通过动态求解随机动态规划问题，实现任务、状态与维修策略的实时协同优化。健康管理平台的架构也将随之升级，逐步向云—边—端分层递阶式发展，既能及时处理装备端的海量数据，又能充分利用云端的计算与存储资源，实现多装备协同的群体化健康管理。

装备可靠性设计与验证是在役健康管理的基石。设计阶段引入基于故障物理的可靠性设计理念，围绕薄弱环节，优化装备冗余配置，优选抗疲劳、耐老化的新材料，开发一体化设计平台，对设计方案进行可靠性、可维修性、测试性的综合评估，能够从源头提高装备的本质可靠性和可维护性。加强可靠性增长试验，针对性地开展耐久性、失效模式、环境适应性等试验，查找装备设计缺陷，改进优化设计方案。同时，可靠性试验获得的失效数据也是开展寿命预测不可或缺的重要资源。运用数字孪生、增强现实等新技术手段，构建装备全生命周期的虚拟样机模型，在虚拟环境中开展可靠性评估、故障注入、检修仿真等，可大幅提高试验效率、降低试验成本。

推进装备全生命周期健康管理，需统筹研究、设计、制造、使用、维修、管理等各环节，构建贯穿始终的信息化管理平台。利用数字孪生技术，在虚拟空间中构建高保真的装备全生命周期数字化模型，通过物理实体与数字孪生之间的数据交互，实时分析装备全生命周期的健康状态，优化资源配置与调度。建立装备健康状态标准规范体系，开展全行业数据汇聚共享，搭建开放式创新平台，引导和推动车辆、机车、船舶等各领域协同开展健康管理研究，加速前沿理论、共性技术、行业应用、标准规范的创新突破和转化应用。

总之，随着交通装备向大型化、复杂化、智能化发展，对其安全性、可靠性、维修性提出了更高要求。发展在役装备健康管理技术是顺应这一需求，实现故障预防、维修预见、使用预测的必然选择。相关理论与技术的创新突破，不仅能够有效保障装备安全性、提高运行效率、延长使用寿命，也将加快实现机械装备制造与检测技术的智能化转型，为交通强国建设提供有力支撑。

二、无损检测新原理、新方法研究有望取得突破

无损检测技术是保障交通机械装备安全运行、提高装备使用效率和经济性的重要手段。无损检测利用物理与化学原理测量待检工件，而不对其造成任何损坏，能够有效发现金属材料内部的缺陷、表面的微小裂纹、腐蚀状况等，及时掌握装备健康状态信息，合理指导检修维护。当前常用的无损检测方法有超声检测、射线检测、涡流检测、磁粉检测、渗透检测等，已广泛应用于铁路机车、城市轨道车辆、公路运输装备、航空航天装备等领域。随着检测对象不断向复合材料、微纳尺度延伸，检测需求日益呈现出全方位、全生命周期、智能化的特点，无损检测技术正面临新的发展机遇和挑战。在新原理探索、新方法研发、新技术应用等方面取得突破，将有力推动交通机械装备检测技术的创新发展，为装备安全性、可靠性和智能化水平的提升奠定坚实基础。

开展无损检测新原理探索和理论创新，为新方法、新技术的研发提供基础指导，是拓展无损检测应用范围、提高检测精度的重要基石。当前，随着材料科学、信息科学等学科的快速发展，众多新概念、新理论为无损检测领域注入新的活力。如纳米技术的引入，有望突破传统无损检测受检测装置物理尺寸限制的瓶颈，实现微纳尺度缺陷的无损表征。再如，固体力学、断裂力学等理论的创新发展，促进了无损检测中裂纹起裂、扩展机理等的深入研究，为提高裂纹检测灵敏度、评价结构完整性提供了理论支撑。随着各学科交叉融合不断深化，量子无损检测、人工智能无损检测等新概念开始涌现，为无损检测方法拓展了新的发展空间。其中，基于量子相干、纠缠、隐形传态等效应的量子无损检测方法，有望实现常规方法难以企及的高精度、高灵敏度。人工智能方法的引入则为缺陷识别、信号解译、图像分析等注入了新的智能元素。未来，不同学科在多个层面的持续渗透与融合，必将催生出一批具有革命性、颠覆性的无损检测新原理、新理论，成为创新发展的不竭动力。

针对日益复杂的检测对象，发展多物理场耦合、多模态成像等复合检测新方法，是提高无损检测能力，拓宽无损检测应用领域的必由之路。复合材料以其优异的比强度、比刚度以及可设计性，已成为航空航天、轨道交通等领域的广泛应用的关键材料。但复合材料的多层异质结构也给无损检测带来了新的挑战。单一检测方法往往难以全面、准确地表征其内部缺陷。针对该问题，亟须发展兼顾材料多尺度结构特点、外加载多物理场效应的复合检测新方

法。如超声-电磁复合检测方法,综合超声波对基体的敏感性和电磁波对导电纤维的敏感性,可实现基体、增强体缺陷的同步表征。再如热-超声复合检测方法,利用热效应激发超声波,对材料表面、次表面缺陷具有更高的灵敏度。随着高性能计算、大数据处理等信息技术的发展,多模态成像方法也成为复合检测的重要发展方向。通过CT、超声相控阵等获取的多模态数据,构建材料三维缺陷图像,可实现缺陷的精细化表征。多模态图像的相互校验与融合,则可显著提高检测结果的可靠性。未来,复合检测方法必将向系统化、规范化发展,形成一套标准的检测规范和评价体系,为复合材料装备的安全服役提供可靠的技术保障。

装备智能化发展对无损检测提出了全新需求,发展智能检测系统,实现状态监测、故障诊断、寿命预测的无缝衔接,是未来无损检测技术创新发展的必然趋势。传统的离线检测模式难以适应装备全生命周期、全方位监测的需求。借助新一代传感器技术,在线检测系统研究方兴未艾。如在轨道车辆、飞机等装备关键部位布设光纤传感阵列,利用分布式光纤传感技术,可实现对结构应力、应变、裂纹、温度等状态的实时监测。基于微纳传感器的智能涂层技术,通过传感器与结构的集成化设计,可实现对装备疲劳、腐蚀等损伤的原位检测。海量监测数据的智能分析与处理,是在线检测系统的重要组成。机器学习方法在缺陷识别、状态评估、寿命预测等方面的应用将更加普及。小样本学习、迁移学习等新型学习范式的引入,有望破解训练数据不足、工况转移等瓶颈,提高故障诊断与预测的准确性和适应性。知识工程、专家系统与数据驱动相结合,可实现检测经验知识的可计算化表示,赋予无损检测系统从数据中自主学习、自主决策的能力。未来,装备全生命周期的多源异构检测大数据,将与先进的物联网、云计算平台充分融合,形成更加高效、智能、开放的无损检测大数据管理与服务模式,有力支撑装备的全寿命健康管理。

当前,我国在无损检测基础理论、测试方法及关键技术等方面整体上与发达国家还存在一定差距。高端装备对微小缺陷、复杂结构、极端环境下的无损检测需求还难以完全满足。下一步,要充分发挥制造业与信息技术融合发展的机遇,加强科技创新、人才培养和产学研用协同,全面推进无损检测技术迈向智能化。重点加强无损检测与人工智能、物联网、大数据等技术的深度融合,加快高精度、智能化无损检测仪器及成套装备的研制,突破一批关键核心技术。建设无损检测领域的国家技术创新中心、工程研究中心,优化产业创新链布局。加快无损检测国家标准、行业标准的制修订,建立以提高装备本质安全水平为导向的标准体系。搭建无损检测大数据共享平台,构建开放的行业知识库、案例库,促进数据互联互通和资源共享。强化多学科交叉复合型人才培养,造就一支高水平的创新研发和工程应用队伍。这些举措必将为我国无损检测技术跨越式发展注入强大动力,引领交通机械装备安全性、可靠性、智能化水平不断攀升。

三、基于机理的故障诊断、寿命预测技术将加速发展

故障诊断与寿命预测是交通机械装备检测技术的核心内容,对于保障装备安全运行,提高运营效率,降低全寿命周期成本具有重要意义。故障诊断旨在通过对装备监测信号的分

析，及时发现潜在故障，查明故障原因，为检修决策提供依据。寿命预测则是在装备退化状态评估的基础上，判断其剩余使用寿命，制定最优维修策略。当前，数据驱动的智能诊断与预测方法得到广泛关注和应用，如人工神经网络、支持向量机等机器学习方法，以其对非线性复杂系统的强大建模能力，在轴承、齿轮、转子等关键部件的状态监测中取得了良好效果。然而，受限于样本数据质量和数量，以及算法模型的“黑箱”特性，纯数据驱动的方法在故障溯源、预测外推等方面仍存在不足。未来，随着交通装备向高速、重载、智能化方向发展，全面建模复杂机电系统的动力学行为，揭示部件退化与故障的内在机理，在此基础上发展机理与数据融合的故障诊断与寿命预测新方法，将成为智能检测技术创新的重要方向。

任何故障的发生和发展都必然遵循固有的物理机理。开展面向复杂机电装备的故障机理建模与仿真，是实现高精度诊断与预测的理论基础。传统的故障诊断与寿命预测方法多基于经验模型或统计模型，对故障演化过程缺乏深入的认识，预测结果的解释性和外推能力有限。而运用系统动力学、损伤力学等理论，构建故障演化的物理模型，模拟故障的起始、发展、传播全过程，可从机理上阐明故障发生的内在原因，揭示故障特征形成机制，获得退化规律的解析表达，为智能算法设计提供先验知识和理论指导。在此基础上，结合试验与仿真等手段，针对性地开展加速退化试验、强迫响应试验、故障注入仿真等，可获取状态退化全过程数据，用以支撑数据驱动模型的训练。同时，利用有限元分析等数值仿真技术，模拟不同故障模式、不同工况下的退化过程，获取难以通过试验直接测量的内部状态参量。机理建模与仿真研究的深入，可弥补纯数据驱动方法的不足，从机理层面阐释模型泛化能力的来源，增强故障诊断、寿命预测结果的可解释性和可靠性。

面向日趋复杂的交通运输装备系统，从局部到整体、从结构到功能，构建不同层级、不同粒度的故障机理模型，发展多层次、多模态的故障诊断新方法，是提高装备运行安全性和可靠性的必然要求。装备系统往往由多个物理域、多种材料、多个尺度的部件组成，不同层级间存在复杂的相互作用和故障模式，单一的诊断方法难以全面准确地反映系统状态。其中，部件层面的故障诊断重点关注关键结构的应力应变、损伤累积规律，研究疲劳、断裂失效机理，常采用声发射、应变测试等方法。子系统层面则侧重于多物理场耦合作用下的动力学行为建模，研究部件故障如何影响子系统的动态特性，广泛采用振动、噪声等测试手段。在系统层面，故障诊断的重点在于构建面向任务的功能模型，研究局部故障对系统功能的影响，需要综合振动、油液、电流等多源信息，评估系统健康状态。不同层级诊断结果的有机融合，可实现从局部到整体、从结构到功能的全面诊断。同时，随着多物理场仿真、故障树分析等技术的发展，基于物理的多故障模式建模，基于观测的故障关联分析等方法有望取得突破，实现复杂条件下故障的精准溯源与预警。作为装备全寿命周期健康管理的重要环节，多层次诊断方法的发展，将更加贴近实际应用需求，为运行维护提供更加全面可靠的决策支持。

装备寿命预测通过评估当前健康状态，判断退化趋势，预估装备未来的剩余使用寿命。当前，数据驱动的寿命预测方法多采用人工神经网络等机器学习模型，利用历史监测数据，学习退化过程与寿命的内在关联，取得了良好效果。然而，由于训练样本有限且与在线工况差异较大,纯数据驱动的方法在面向长周期服役的装备寿命预测时,往往面临模型外推能力不足、预测可靠性难以保证等挑战。针对这一问题,发展融合机理知识与在线监测数据的寿命预测新方法是必然趋势。通过物理建模揭示材料或结构的损伤演化规律,获得退化过程的解析表达或半解析表达,将大大降低数据驱动模型的复杂度,提高预测结果的可解释性。同时,面向在线工况,在状态监测数据中引入环境因素、任务参数等,构建工况相关的动态退化模型,通过贝叶斯推理、卡尔曼滤波等方法对模型参数进行在线学习,可有效提高模型对工况变化的自适应能力。机理建模与数据驱动相结合,充分利用物理规律的强解释性和数据的强关联性,将有效克服单一方法的局限,显著提升装备寿命预测的可靠性、准确性和适用性。

基于机理的故障诊断与寿命预测新方法对相关基础研究提出了更高的要求。当前,针对复杂机电装备系统,全面、精准地建模其动力学行为和故障演化过程仍面临诸多挑战,损伤检测、退化机理、寿命建模等领域的基础研究还有待加强。下一步,需重点突破复杂机械装备系统的多场耦合动力学建模理论,研究部件损伤的表征、检测与表征一致性评价方法,揭示部件退化的物理机制及其与系统性能退化的关联规律。加强跨学科、跨领域协同创新,促进力学、材料、测试等多学科融通,加强基础理论、试验方法、工程应用的贯通融合。同时,要充分利用物联网、大数据等新兴技术,加快机理知识与数据驱动技术的深度融合,大力推进装备全寿命周期的在线监测、实时诊断、动态预测。完善基于大数据的退化趋势分析、健康评估等方法,构建装备全生命周期的智能健康管理和维修决策系统。以上创新性工作的持续推进,必将促进交通装备故障诊断水平从经验判断向知识引导、从被动响应向主动预测的跨越,为保障装备长周期服役的安全性、可靠性和经济性提供坚实的技术支撑。

第三节 加强产学研用协同,促进技术创新与应用

一、建立健全协同创新机制与模式

交通机械装备设计制造与检测技术的持续创新发展离不开产学研用各环节的紧密协同。高校、科研院所是基础理论与前沿技术研究的主力军,企业是关键技术研发与产业化应用的主体,用户和主管部门对技术创新提出需求和标准规范。只有建立健全产学研用协同创新机制,打通从基础研究到应用开发、从实验室到工程现场的创新链条,构建开放、高效的协同创新生态系统,才能加速科技成果向现实生产力转化,推动交通机械装备技术的跨越式发展。

产学研用协同创新机制建设需要从组织、平台、文化等层面系统谋划。在组织层面,要着力构建校企联合、多方参与的技术创新战略联盟。依托行业骨干企业、高校和科研机构,建立紧密型产学研合作组织,共同研判产业技术发展需求,制定协同创新路线图,针对行业关键共性技术开展联合攻关。鼓励企业与高校、科研机构组建技术研发中心、工程研究中心,开展技术开发与工程化应用。搭建产学研用交流合作平台,定期举办高峰论坛、成果交流会等,为科研人员、工程技术人员提供深入交流、密切协作的机会。在龙头企业和高校、科研机构间建立

人员双向流动机制,支持高校科研人员到企业挂职锻炼,企业工程技术人员到高校进修学习,实现产学研人才的互通有无、优势互补。

协同创新平台建设是产学研用紧密结合的重要载体。依托大型骨干企业和高校,建设若干产学研用协同创新基地,集聚创新资源,开展关键核心技术协同攻关。鼓励有条件的企业建立博士后科研工作站和院士专家工作站,吸引高校科研人员和专家学者开展课题研究,为企业发展提供智力支持。支持高校围绕行业和区域发展需求建设技术创新中心、工程研究中心和重点实验室,面向企业开放大型科研仪器设备,开展检测、测试、研发等技术服务。加快建设交通机械装备领域国家产教融合创新平台,集聚和整合国内外创新资源,开展基础研究、应用基础研究与工程化开发。制定专门的人才与项目引进计划,吸引海外高层次人才、创新团队来华任职或合作研究。利用互联网、大数据等新兴技术搭建开放式创新平台,促进不同区域、不同单位间的优势互补和资源共享。

良好的协同创新文化也是驱动产学研用深度融合的重要保障。要树立开放包容、互利共赢的理念,尊重差异、加强沟通,在目标愿景、利益分配等方面达成共识。建立科学合理的成果转化和利益共享机制,完善知识产权归属和使用办法,平衡好产学研各方利益诉求。营造鼓励创新、宽容失败的文化氛围,建立容错纠错机制,为协同创新提供制度保障。加大对协同创新成效的宣传力度,积极发掘和推广典型经验做法,打造一批可复制、可推广的产学研用协同创新范例。定期开展优秀产学研合作项目评选,对成效突出的单位和个人给予表彰奖励。构建全方位、多层次的交流合作网络,鼓励跨地区、跨学科、跨行业协同创新,为创新主体提供交流互鉴、合作共赢的文化土壤。

协同创新机制建设要聚焦交通机械装备行业发展的重大需求,紧扣制造与检测技术创新中的关键环节,在若干重点领域率先突破、系统推进。在高端装备制造领域,针对轨道交通装备、新能源汽车等重点产品,组织产学研联合攻关,突破轻量化材料及结构设计、动力传动系统智能化、可靠性与安全性提升等关键技术。在绿色制造领域,聚焦新能源动力系统、再制造、智能制造等方向,加强产学研协作,加快新技术研发及推广应用。在检测技术领域,针对复合材料构件、关键传动部件等,开展多学科交叉研究,突破无损检测、在线监测、寿命预测等核心技术,支撑智能运维。在行业共性标准规范方面,发挥行业组织作用,加强产学研各方协调,加快构建适应技术进步和产业发展需求的标准体系。在科技成果转化方面,建立政产学研用协同机制,完善科技成果转化激励政策,打通基础研究、应用开发、工程化、产业化全链条,提升成果转化效率。

构建协同创新生态离不开政策引导和制度保障。在组织实施国家科技计划时,要优先支持产学研用协同创新项目,鼓励龙头企业、高校院所联合申报,合力攻关产业关键核心技术。加大对企业参与协同创新的税收优惠、财政补贴等政策支持,引导企业加大研发投入、承担社会责任。深化科技成果使用权、处置权和收益权改革,赋予科研人员职务科技成果所有权或长期使用权。完善高校教师到企业兼职、科研院所科技人员创新创业的制度规定,为科研人员到一线开展科技服务创造良好环境。加强科研诚信体系建设,优化科研伦理道德教育,坚决惩治违背科研伦理道德和科研诚信要求的行为。以上举措将为深化产学研用协同创新提供有力的制度保障。

加快建立健全产学研用协同创新机制，对于激发交通机械装备领域创新活力、培育发展新动能具有重要意义。未来，要以体制机制创新为动力，以重大需求为牵引，以重点领域为突破口，不断创新协同模式，完善协同机制，打造协同平台，加快构筑政产学研用金服紧密结合的技术创新生态系统。在更高水平、更宽领域、更深层次的协同创新中，必将推动一批关键核心技术取得重大突破，加速科技创新成果的转移转化和规模化应用，为交通机械装备高质量发展提供强大的科技支撑。

二、提升基础研究对关键技术创新的支撑能力

交通机械装备设计制造与检测技术涉及多个学科领域的交叉融合，其持续创新发展离不开扎实的基础研究支撑。基础研究是关键核心技术的源头活水，是引领产业变革、保障国家安全的战略支撑。当前，全球新一轮科技革命和产业变革蓄势待发，交通装备向高速化、智能化、绿色化加速发展，对基础研究提出了更高要求。只有不断加强设计制造、材料、测试等领域的基础研究，着力提升原始创新能力，才能突破关键核心技术，抢占未来发展制高点。大力提升基础研究对关键技术创新的支撑能力，将为我国交通机械装备高质量发展注入不竭动力。

基础研究是技术创新的理论源泉。针对交通机械装备中的关键基础问题，亟需开展系统深入的理论探索和方法研究，为关键技术突破提供理论指导和方法支撑。在装备设计领域，应加强机械系统动力学、结构力学的基础理论研究，探索复杂机械系统的动态特性、振动噪声机理，研究极端工况下关键结构的失效机制，发展非线性动力学、数值仿真等新方法，突破系统建模、性能分析等基础瓶颈，为高速轨道车辆、重载货车等大型装备设计奠定理论基础。在智能制造领域，要深化人工智能、虚拟现实等领域基础理论研究，突破工业大数据分析、智能建模等关键技术，加强智能规划与决策、数字孪生等方面的基础研究，发展新型传感器、高精度伺服驱动等智能硬件，支撑车间生产过程智能优化，装备产品智能化。在绿色制造领域，重点开展新能源动力系统、再制造等基础研究，突破动力电池、燃料电池等新能源技术，探索再制造工艺与装备，推动制造过程节能减排。在检测技术领域，聚焦无损检测、在役监测、故障诊断、寿命预测等方向，加强多场耦合机理、损伤演化规律等基础研究，发展信号处理、智能感知等新方法，助推智能运维。各领域基础理论与方法的协同创新，将从源头支撑和引领关键技术的不断突破。

基础研究要聚焦国家重大需求，为重点产业、重大工程提供有力支撑。当前，轨道交通装备、节能与新能源汽车等战略性新兴产业进入快速发展期，对高端装备的需求持续升级。要聚焦产业链部署创新链，加强应用导向基础研究，突破一批重点产业急需的基础理论与共性技术，力争在若干方向实现从跟跑、并跑到领跑的跨越。如在轨道交通装备领域，针对时速400~600 km 高速磁浮列车研制需求，开展高温超导磁悬浮机理、大推力直线电机驱动控制等

应用基础研究,为打造世界领先的高速磁浮交通系统提供科技支撑。在新能源汽车领域,针对提升电池能量密度、延长使用寿命的迫切需要,加强动力电池热失控机理、全固态电池等方向的基础研究,支撑电池技术取得革命性突破。聚焦重大工程对安全可靠、智能高效装备的需求,超前部署基础研究,加速科技成果的转化应用。如围绕海底探测、深海采矿等重大工程,加强深海环境感知、水下机器人自主作业等领域的基础研究,为攻克深远海大型装备的设计制造难题提供科技支撑。面向国产大飞机、航天运载火箭等重大专项,针对性开展结构轻量化、极端环境适应性等基础研究,助力突破关键核心技术。紧盯国家重大战略需求,超前谋划和前瞻部署,将进一步增强基础研究的使命感和紧迫感,提升服务国家战略的能力。

基础研究要加强多学科交叉融合,推进大科学计划和大科学工程。交通机械装备是力学、材料、电子、信息、人工智能等多学科高度融合的复杂系统,关键核心技术的突破往往源于学科交叉区域的原始创新。要树立“无学科交叉就无重大创新”的理念,打破学科壁垒,推动多学科交叉研究。在设计制造领域,机械、力学、材料、计算机等学科的交叉融合将催生智能优化设计等新方法;在智能制造领域,机器人、人工智能、大数据等学科的协同创新将推动智能车间、智慧工厂的发展;在新能源技术领域,化学、材料、能源等学科的交叉研究将引领燃料电池、高效储能等技术变革。要主动设置交叉学科,建立多学科协同创新平台,为交叉研究提供制度支持。积极组织实施面向交通装备的重大科技专项和研究计划,加强对原创性、系统性、前瞻性基础研究的支持力度。超前谋划建设大科学装置,部署实施国家重大科技基础设施建设,为基础研究和关键技术攻关提供有力支撑。多学科、多领域的交叉融通必将打开技术创新的新维度,成为基础研究支撑关键技术突破的新引擎。

着力提升基础研究能力,需要不断创新基础研究范式。当前,大数据、人工智能、物联网等新兴技术方兴未艾,基础研究正从传统的理论驱动、实验验证的模式,向数据驱动、计算探索的新范式加速演进。交通机械装备基础研究要抢占这一变革的制高点,推动交通大数据、工业互联网、智能制造等新技术、新模式与基础研究的深度融合。利用物联网、传感网实现装备全生命周期的状态感知与数据积累,构建覆盖设计、制造、运维、服务全过程的工业大数据平台。运用大数据分析、机器学习等技术,从海量异构数据中探索内在规律,揭示装备性能演化与故障发生机理,形成新的理论认知。发展数据驱动的建模、仿真、优化方法,加速装备设计开发与性能评估。加强智能感知、自主决策等人工智能技术在装备智能化中的应用基础研究,着力攻克复杂场景感知与理解、自主作业规划等基础科学问题。新兴技术与传统研究手段的创新融合,数据驱动与物理机理相结合,必将开辟基础研究新路径,加速形成“从数据到知识、从知识到智慧”的认知模式,驱动基础理论突破和重大创新生成。

加强基础研究是大国科技竞争的战略选择,对于引领未来科技和产业发展具有决定性意义。要完善基础研究布局,优化学科建设和研究方向布局,超前部署交通机械装备领域基础前沿探索和应用基础研究。加大基础研究投入,设立交通装备基础研究专项基金,为基础研究提供稳定支持。改革科技评价体系,建立健全以创新质量和贡献为导向的评价机制,为基础研究营造良好生态。加强创新人才培养,大力支持青年人才投身基础研究,建设一支规模宏大、结构合理、素质优良的基础研究人才队伍。上述举措必将极大增强我国交通装备基础研究的原始创新能力,在关键核心技术自主可控上取得更大突破,支撑引领我国从交通大国迈向交通强国。

三、加快先进技术成果转化与推广应用

科技成果的转化应用是衡量科技创新绩效的关键标志,是科技支撑引领经济社会发展的根本途径。交通机械装备设计制造与检测技术的创新发展,最终要落实到推动产业转型升级、服务国计民生、保障交通安全等方面。然而,当前科技成果转化应用的效率还不够高,产学研用协同创新的深度和广度有待加强。部分创新成果脱离生产实际,难以满足市场需求;科技成果从实验室走向工程应用的周期较长,成果转化的激励和服务体系不够完善;创新主体间缺乏有效的协同机制,跨区域、跨领域的协同创新有待深化。破解这些难题,着力推进先进适用技术成果的转移转化、推广应用,对于加快交通机械装备产业创新发展、提高创新供给的有效性和针对性具有十分重要的意义。

围绕行业发展的重大共性需求,组织产学研用协同攻关,是加速科技成果转化应用的有效途径。要围绕轨道交通装备、新能源汽车等重点产业,制定关键技术产业化路线图,明确成果转化的重点方向和目标。充分发挥企业技术创新主体作用,支持骨干企业牵头组建产学研用联合体,聚焦轻量化材料及结构设计、新能源动力系统、智能传感与测控等关键技术,开展联合攻关,突破制约产业发展的技术瓶颈。鼓励有基础、有条件的企业构建技术创新中心、工程研究中心等创新平台,吸纳高校院所科研力量共同开展关键技术研发,推进科研成果的中试熟化和工程化应用。支持行业龙头企业牵头成立产业技术创新战略联盟,整合产业链上下游资源,建立技术、标准、知识产权、数据共享机制,开展跨领域、跨行业协同创新,加速成果转化和产业化进程。

加强应用示范是推动先进技术成果推广应用的关键抓手。要结合国家重大工程和重大示范项目,开展应用示范工程,探索科技成果转化的新模式。支持有条件的地区建设交通装备应用示范区,针对性部署一批示范项目,重点围绕智能网联汽车、自动驾驶、新能源公交车等方向,开展智能化、网联化、电动化等先进适用技术的集成应用。在轨道交通领域,支持开展时速 400 km 及以上高速列车、低地板现代有轨电车、智能化地铁等技术的工程示范。在水路运输装备领域,选择部分港口和船舶,开展智能航行、自动靠泊等智能航运技术的应用示范。聚焦新能源、智能化等前沿技术,建设“公交都市”“智慧港口”等一批具有引领性、示范性的应用场景,发挥示范项目的辐射带动作用,树立品牌效应,以点带面推动新技术规模化应用。

科技成果转化离不开完善的技术交易与服务体系。各地要积极搭建区域性技术交易市场和服务平台,为科技成果转化提供信息发布、需求对接、交易撮合、融资担保等服务。推动高校院所与行业企业建立更加紧密的合作关系,鼓励高校院所建立专业化技术转移机构,提供知识产权管理、法律咨询、企业孵化等服务,加快科技成果市场化进程。充分发挥行业协

会、学会等社会组织和第三方机构的桥梁纽带作用,定期举办新技术推介会、产品展示会,搭建产学研用供需对接平台,实现创新资源的跨区域流动。积极促进军民科技协同创新,建立军地两用技术成果双向转化机制,推动军用技术向民用领域转化,加快民参军进程,实现军民科技资源的优势互补、协同发展。

完善科技成果转化激励机制,调动科研人员成果转化的积极性。进一步落实以增加知识价值为导向的分配政策,赋予科研人员职务科技成果所有权或长期使用权,提高成果转化收益分配比例。鼓励高校院所建立健全科技成果转化后评价机制,将成果应用情况、取得的经济效益和社会效益等作为职称评聘、岗位考核的重要内容。设立交通装备技术成果转化专项基金,重点支持共性关键技术成果的中试熟化、工程化应用,加大后续研发投入。完善科技金融服务,支持商业银行开发针对科技型企业、成果转化项目的信贷产品,合理确定贷款利率和期限。鼓励创业投资、股权投资等参与科技成果产业化,完善相关财税优惠政策,营造良好的创业创新生态。

加快构建开放协同的区域创新网络。国家层面要加强统筹规划和政策引导,支持有条件的地区建设交通装备创新中心,打造具有国际影响力的原始创新策源地。京津冀、长三角、粤港澳大湾区等区域要发挥人才、资本、产业聚集优势,加快布局建设若干交通装备创新平台和产业化基地,推动关键技术突破和标志性产品研制。中西部地区要立足资源禀赋和产业基础,积极承接东部地区创新成果转移,大力发展配套零部件、再制造等领域,打造区域特色优势产业集群。围绕国家重大区域发展战略,支持有条件的地区组建跨区域创新联盟,打破行政区划和条块分割限制,实现创新资源优化配置和协同发展。积极融入全球创新网络,加强与交通装备制造强国的技术交流合作,鼓励企业"走出去"建立海外研发中心,提升国际化创新能力。

加强标准规范体系建设,为先进技术推广应用提供统一的技术依据。要加快构建适应新技术、新产业、新业态发展需求的交通装备标准体系,强化标准与关键技术研发、检测认证的协同,支撑引领产业健康持续发展。加强互联网、大数据、人工智能等新兴技术在交通装备领域应用的基础性、通用性标准研究,推动智能网联汽车、智慧交通等前沿技术标准化工作。针对轨道交通装备、新能源汽车等重点领域,组织开展关键技术标准、工程化应用标准、质量规范等一系列标准的制修订,加快形成支撑产业发展的标准群。积极参与国际标准化组织活动,加快国际先进标准的转化吸收,提高中国标准与国外标准的一致性程度,推动中国技术、中国标准"走出去",不断提升我国交通装备标准的国际影响力和竞争力。

完善的知识产权运营体系是推进科技成果转化的重要保障。要加快建立职务科技成果产权制度,落实职务发明自主申报政策,破除科技成果产权归属的制度障碍。鼓励高校院所与企业开展专利投资合作,加快科技成果向现实生产力转化。加强知识产权交易平台建设,构建全国联动、互利共赢的知识产权交易网络。加大高价值专利培育力度,在前沿技术领域超前布局一批具有国际竞争力的核心专利。建立健全专利导航和预警机制,引导产业创新和企业研发方向,提升自主知识产权的质量和影响力。加强知识产权保护,健全知识产权侵权惩罚性赔偿制度,不断提高侵权违法成本,维护创新主体合法权益。

加快交通机械装备先进技术成果的转化应用,需要政产学研用多方共同努力。政府要加大统筹协调和政策引导力度,在项目、人才、资金等方面给予重点支持。行业主管部门要加强需求牵引,超前研判行业发展趋势,引导科研资源向行业急需的关键共性技术集聚。企业要发挥创新主体和成果应用主体作用,加大研发投入,积极吸纳科研院所先进成果。高校院所要加快科技成果转移转化体系建设,创新成果评价、人才激励等机制。产业联盟、行业协会、金融机构等要发挥纽带和催化作用,畅通产学研用协同渠道。通过深化改革和创新,必将进一步提升我国交通机械装备关键技术的产业化水平,加速科技创新向现实生产力转化,为建设交通强国、制造强国提供坚实保障。

参考文献

[1]杨家富,陈美宏. 工程训练[M]. 2 版. 南京:东南大学出版社,2022.
[2]曹华军,李洪丞. 制造系统碳流动态模型及碳效率评估方法[M]. 北京:机械工业出版社,2022.
[3]李聪波,刘飞,曹华军. 机械加工制造系统能效理论与技术[M]. 北京:机械工业出版社,2022.
[4]周丽,任桂华. 互换性与技术测量实验指导书[M]. 2 版. 武汉:华中科技大学出版社,2022.
[5]朱庆华,赵森林. 机械装备再制造供应链管理[M]. 北京:机械工业出版社,2021.
[6]徐格宁,程莹茂,朱昌彪,等. 工程机械绿色设计与制造技术[M]. 北京:机械工业出版社:2022.
[7]刘建华. 工程材料与机械制造[M]. 北京:机械工业出版社,2019.
[8]朱红钧,谢龙汉,杨嵩. FLUENT 流体分析工程案例精讲[M]. 2 版. 北京:电子工业出版社,2018.
[9]尹显明. 机械制造工程训练教程[M]. 武汉:武汉理工大学出版社,2008.
[10]邓小雷. 数控机床主轴系统热态特性分析技术[M]. 杭州:浙江大学出版社,2017.
[11]李兴正,杨阳. 机械设计与制造专业课程体系改革与实践[M]. 重庆:重庆大学出版社,2017.
[12]廖红军. 机械基础[M]. 重庆:重庆大学出版社,2015.
[13]白海清. 机械制造技术基础[M]. 西安:西安交通大学出版社,2024.

图书在版编目（CIP）数据

交通机械装备设计制造与检测技术研究 / 童巨苍，章广琼主编 ; 张苗红副主编 . -- 湘潭 : 湘潭大学出版社, 2024. 12. -- ISBN 978-7-5687-1664-2

Ⅰ. U

中国国家版本馆 CIP 数据核字第 2024C5A871 号

交通机械装备设计制造与检测技术研究

JIAOTONG JIXIE ZHUANGBEI SHEJI ZHIZAO YU JIANCE JISHU YANJIU

童巨苍 章广琼 主编

策划编辑： 肖 萑
责任编辑： 肖 萑
封面设计： 刘玄文
出版发行： 湘潭大学出版社
社　　址： 湖南省湘潭大学工程训练大楼
电　　话： 0731-58298960 0731-58298966（传真）
邮　　编： 411105
网　　址： http://press.xtu.edu.cn/
印　　刷： 长沙印通印刷有限公司
经　　销： 湖南省新华书店
开　　本： 787 mm×1092 mm 1/16
印　　张： 8
字　　数： 200 千字
版　　次： 2024 年 12 月第 1 版
印　　次： 2024 年 12 月第 1 次印刷
书　　号： ISBN 978-7-5687-1664-2
定　　价： 58.00 元